Zur Auslegung des § 150 des Allgemeinen Berggesetzes

von

Dr. H. UTH
Rechtsanwalt
beim Oberlandesgericht zu Düsseldorf.

Berlin 1907.
J. Guttentag, Verlagsbuchhandlung,
G. m. b. H.

Verzeichnis der benutzten Literatur.

Achenbach, Das Gemeine Deutsche Bergrecht. Erster Teil. Bonn 1871.

Arndt, Allgemeines Berggesetz für die Preußischen Staaten. (Größerer Kommentar. 2. Aufl.) Halle 1888.

Bar, v., Die Lehre vom Kausalzusammenhang im Rechte, besonders im Strafrechte. Leipzig 1871.

Bienenfeld, „Eigenes Verschulden“ oder „Mitverschulden“ des Verletzten kann auch im Falle seiner zivilrechtlichen Verantwortlichkeit Ersatzansprüche für ihn ausschliessen oder einschränken. In Seufferts Blättern für Rechtsanwendung. Jahrgang 1903. Seite 489.

Brassert, Allgemeines Berggesetz für die Preußischen Staaten. I. Bd. Bonn 1888. II. Bd. Bonn 1894.

Brassert, Die Bergordnungen der Preußischen Lande. Köln 1858.

Brassert, Das Bergrecht des Allgemeinen Preußischen Landrechts in seinen Materialien. Bonn 1861.

Brassert's Zeitschrift für Bergrecht (ist durch Z mit Angabe des Bandes in arabischen Ziffern bezeichnet).

Buri, v., Über Kausalität und deren Verantwortung. Leipzig 1878.

Cohn, L., Untersuchungen zu § 254 des Bürgerlichen Gesetzbuches in Gruchot's Beiträgen Bd. 43, S. 96 ff.

Croissant, F., Eigenes Versehen und Handlungsunfähigkeit. Straßburg 1893.

Daubenspeck, Die Haftpflicht des Bergwerksbesitzers und die Beschädigung des Grundeigentümers. Berlin 1882.

Daubenspeck, Beiträge zur Lehre vom Bergschaden. Berlin 1885.

Daubenspeck, Bergrechtliche Entscheidungen des Reichsgerichts, Band I und II, Berlin 1893 und 1898, zitiert mit D I und II.

Demelius, Über Kompensation der Kulpa in Iherings Jahrbüchern, Band V, Seite 52 ff.

Endemann, Die Rechtswirkungen der Ablehnung einer Operation seitens des körperlich Verletzten. Berlin 1893.

Entscheidungen des Königlichen Ober-Tribunals, herausgegeben im amtlichen Auftrage, zit. mit Entsch. d. O.-T.

Goldschmidt, L., Das sogenannte Verschulden gegen sich selbst. Leipziger Dissertation, Borna-Leipzig 1905.

Gottschalk, Dr. A., Das mitwirkende Verschulden des Beschädigten bei Schadenersatzansprüchen nach dem Bürgerlichen Gesetzbuch. Berlin 1903.

Karsten, Grundriß der Deutschen Bergrechtslehre. Berlin 1828.

Klostermann, Lehrbuch des Preußischen Bergrechts. Berlin 1871.

Klostermann, Allgemeines Berggesetz für die Preußischen Staaten vom 24. Juni 1865 nebst Kommentar. Fünfte umgearbeitete Auflage von *Dr. M. Fürst.* Berlin 1896.

Klostermann, Übersicht der bergrechtlichen Entscheidungen des Obertribunals. Berlin 1864.

Königslöw, O. v., Unzulässigkeit der Schadensteilung gemäß § 254 Absatz 1 B. G. B. in den Fällen des § 1 des Reichshaftpflichtgesetzes Berlin 1905.

Levison, Compensatio culpae. Bonner Inaugural-Dissertation. 1891.

Leyden, v., Die sogenannte Kulpakompensation nach dem Bürgerlichen Gesetzbuch. Berlin 1902.

Liszt, v. Dr. Fr., Die Deliktsobligationen im System des Bürgerlichen Gesetzbuches. Berlin 1898.

Merkel, Dr. R., Die Kollision rechtmässiger Interessen und die Schadenersatzpflicht bei rechtmäßigen Handlungen. Straßburg 1895.

Mommsen, Beiträge zum Obligationenrecht Bd. II. Zur Lehre vom Interesse.

Müller, Sieben Abhandlungen über Einreden nach der Theorie des preußischen Rechts und Prozesses. Leipzig 1836.

Oppenhoff, Das Allgemeine Berggesetz für die Preußischen Staaten. Berlin 1870.

Pernice, Marcus Antistius Labeo. Band II. 1. und 2. Auflage.

Pernice, Zur Lehre von den Sachbeschädigungen nach römischem Rechte. 1867.

Plog, W., Die sog. Kulpakompensation bei Schadenersatzansprüchen nach römischem Rechte. Greifswald 1896.

Priester, Compensatio culpae. Erlanger Inaugural-Dissertation. 1896.

Rehbein, Die Entscheidungen des vormaligen Preußischen Ober-Tribunals auf dem Gebiete des Zivilrechts. Berlin 1884.

Rospatt, In „Das Recht". Jahrgang 1902. S. 96.

Ruhm, Das eigene Verschulden des Verletzten als Grund zur Ausschließung der Ersatzpflicht im gemeinen Recht. Greifswalder Jnaugural-Dissertation. 1898.

Rümelin, G., Kulpahaftung und Kausalhaftung, Archiv für die zivilistische Praxis. Band 88.

Schierlinger, Dr., Das Reichshaftpflichtgesetz und § 254 B. G. B. in Seuffert's Blättern für Rechtsanwendung. Jahrg. 1905. Seite 109 ff.

Schmincke, H., Eigenes Verschulden des Beschuldigten nach römischem-gemeinem Recht und dem Bürgerlichen Gesetzbuche. Borna-Leipzig 1903.

Striethorst, Th., Archiv für Rechtsfälle, die zur Entscheidung des Königlichen Ober-Tribunals gelangt sind. Berlin 1867.

Süssmann, A., Welchen Einfluß hatte und hat der Umstand, daß bei der Entstehung eines Schadens ein Verschulden des Beschädigten mitgewirkt hat? Rostock 1903.

Traeger, Dr. L., Der Kausalbegriff im Straf- und Zivilrecht. Marburg 1904.

Wendt, Eigenes Verschulden in Iherings Jahrbüchern. Band 31.

Westhoff, Bergbau und Grundbesitz nach preußischem Recht unter Berücksichtigung der übrigen deutschen Berggesetze. Berlin 1904.

Zitelmann, Das Recht des Bürgerlichen Gesetzbuchs. Allgemeiner Teil. Leipzig 1900.

Inhaltsverzeichnis.

Einleitung.

Das Grundeigentum bedeutet das seinem Prinzip nach uneingeschränkte Recht, mit dem Grund und Boden »nach Belieben zu verfahren und andere von jeder Einwirkung auszuschließen«. So ist es nach dem neuen bürgerlichen Recht zu definieren, das auf alter Rechtsentwicklung beruht und im Wesen nichts neues über das Eigentum hat aussagen wollen. Das Grundeigentum erstreckt sich nicht nur auf die Erdoberfläche selbst, sondern auch auf den Raum über und unter der Oberfläche, auf die Luft und auf die ewige Teufe.

Das »allgemeine Berggesetz für die preußischen Staaten« vom 24. Juni 1865 hat aus volkswirtschaftlichen Gründen und in Übereinstimmung mit der von ihm vorgefundenen Gesetzgebung von dem Grundeigentum das Recht auf die Gewinnung gewisser, im § 1 des Gesetzes genannter Mineralien abgetrennt. Es spricht von »Bergwerkseigentum« lediglich, »um sich nicht ohne dringende Veranlassung von dem seitherigen geläufigen Sprachgebrauche zu entfernen«, will aber nach den Motiven[1] keinen Zweifel darüber lassen, daß es sich bei dieser zu den unbeweglichen Sachen zählenden Bergbauberechtigung, wie auch gegenwärtig allgemein anerkannt wird, um einen Inbegriff sehr verschiedenartiger, zum Teil singulärer Rechte handelt, durch welche dieselbe sich von dem zivilrechtlichen Eigentum charakteristisch unterscheidet.

Im übrigen bestehen zwar über die theoretische Bestimmung des Begriffs des Bergwerkseigentums, die von

---

[1]) S. 17.

den Motiven der Wissenschaft überlassen ist, eine Anzahl Streitfragen,[1]) jedoch würde es hier zu weit führen, wenn wir auf diese Streitfragen eingehen und versuchen wollten, unsererseits eine exakte begriffliche Abgrenzung davon zu geben. Es kommt uns hier lediglich darauf an, daß auch das Recht des Bergwerkseigentümers ein ausschließliches, von dem Grundeigentum unabhängiges, ja sogar unter Umständen auch gegen das Grundeigentum gerichtetes ist. Letzteres wird dadurch nach Maßgabe der Bestimmungen des A. B. G. eingeschränkt. Der Grundeigentümer muß es sich gefallen lassen, daß der Bergwerkstreibende im tiefen Schoß der Erde unter der dem ersteren gehörenden Oberfläche alle Anstalten trifft, um die ihm verliehenen Mineralien zu gewinnen, er muß unter Umständen sein Grundstück zur Benutzung abtreten. Im übrigen aber bleibt das Eigentum seinem Inhalte nach unverändert. Solange ihm sein Grundstück nicht enteignet ist, darf der Eigentümer weiter damit nach Belieben verfahren, ob es dem Bergwerkseigentümer angenehm oder unangenehm, schädlich oder nützlich ist; er braucht auch nicht mitzuwirken bei irgend welchen dem Bergbautreibenden nützlichen Anstalten. Qui jure suo utitur, neminem laedit. Dieses Verhältnis wird durch keine andere Vorschrift geregelt, als durch die allgemeinen Bestimmungen des bürgerlichen Rechts. Die Verleihung des Bergwerkseigentums gibt keine besonderen Einspruchsrechte gegen die Art der Benutzung des verbliebenen Restes des Grundeigentums und legt dem Grundeigentümer keine besonderen Pflichten in dieser Beziehung auf.

Andererseits braucht sich auch der Bergwerkseigentümer bei den Anstalten, die er zur Ausbeutung des ihm verliehenen Rechts zur Gewinnung von Mineralien trifft, nur von seinem Gutdünken leiten zu lassen, ohne Rücksicht, ob sie den Grundeigentümer schädigen oder nicht. Er handelt an sich nicht widerrechtlich, wenn er selbst vorsätzlich ein

---

[1]) Vergleiche hierzu Brassert, Kommentar Seite 51 ff., Klostermann-Fürst 117 ff. und die übrigen Lehrbücher und Kommentare.

Grundstück und die darauf stehenden Gebäude schwer beschädigt, vielleicht gar die Benutzung des Grundstücks vollständig unmöglich macht. Daher ist auch wegen Verletzung des Grundeigentums durch den Bergwerksbetrieb, z. B. bei Tagebrüchen, Beschädigungen durch Grubenwasser usw. keine actio negatoria auf Unterlassung der Beeinträchtigung und Einstellung des schädigenden Betriebs gegeben.[1] Die einzige rechtliche Schranke des Bergbautreibenden ist die polizeiliche Aufsicht der Bergbehörde, die sich — abgesehen von der Sicherheit der Baue, des Lebens und der Gesundheit der Arbeiter — auf den Schutz der Oberfläche im Interesse der persönlichen Sicherheit und des öffentlichen Verkehrs, sowie auf den Schutz gegen gemeinschädliche Einwirkungen des Bergbaues erstreckt.[2] Hält sich der Bergwerksunternehmer in diesem sehr weit gespannten Rahmen bei der Ausübung seines Rechtes, so vermag der Grundeigentümer ihn in nichts zu hindern.

Dadurch entsteht eine Kollision der Interessen, zu deren Lösung die allgemeinen Bestimmungen des bürgerlichen Rechts nicht genügen. Das Bergrecht hat hier spezielle Normen schaffen müssen. Dasjenige Recht, dessen Ausübung seiner Natur nach am ehesten das mit ihm konkurrierende verletzt, ist das Bergwerkseigentum. Es erscheint selber hinreichend geschützt gegen schädliche Wirkungen der Ausübung der aus dem Grundeigentum entspringenden Rechte — abgesehen von den allgemeinen Rechtsbehelfen des bürgerlichen Rechts — durch die weitgehende Befugnis der Enteignung oder der Benutzungsentziehung, die das Bergrecht gibt. Anders ist das Grundeigentum gestellt. Es ist lediglich der passive Teil, auch ist zu berücksichtigen, daß wirtschaftlich der Grundeigentümer zu Gunsten des Bergbaues teilweise enteignet erscheint. Hier wird der Ausgleich dadurch geschaffen, daß der Bergwerksbesitzer nach

[1]) Vergl. Entsch. d. O.-Tr. Bd. 61 S. 306 Z. II, 295, Ob.-Appel.-Ger. Berlin, Z. 14, 253; Daubenspeck Haftpflicht S. 52; Brassert S. 396; Oppenhoff Nr. 846; Klostermann-Fürst S. 456.

[2]) § 196 A. B. G.

Maßgabe des § 148 des A. B. G. kraft einer obligatio ex lege verpflichtet ist, für alle Beschädigungen, die er durch seinen Bergwerksbetrieb dem Grundeigentum zufügt, vollständige Entschädigung zu leisten.

Freilich war bei dieser ganzen Regelung zu bedenken, daß der Bergbau das volkswirtschaftlich wichtigere Interesse ist, daß auch nicht selten ein Grundstück an Wert dadurch erheblich gewinnt, daß es im Bereiche eines Bergwerksfeldes liegt. Man war daher bestrebt, die Entschädigungsverpflichtung des Bergwerksbetreibenden nicht zu weit auszudehnen und vor allen Dingen einer spekulativen Ausbeutung dieser Entschädigungsverpflichtung vorzubeugen. Letzterem Zweck dient der § 150 A. B. G.

Der Paragraph kann auf gesetzliche Vorläufer nur in neueren Kodifikationen zurückblicken, da das ganze Institut des Bergschädenanspruchs im Sinne des jetzigen § 148 des A. B. G. dem früheren Bergrecht unbekannt ist. Der Grundeigentümer wurde für die Benachteiligung, die er durch den Bergbaubetrieb erlitt, dadurch entschädigt, daß man ihn unter den mannigfaltigsten Rechtsformen – es sei hier an die Tradde, das Mitbaurecht zur Hälfte, den Grundkux und den Erbkux erinnert — an der Ausbeute teilnehmen ließ. Geldentschädigungen für konkrete Beeinträchtigungen wurden nur für den Fall der Inanspruchnahme des Grundeigentums für bergbauliche Anlagen über Tage gewährt; zunächst wahlweise anstatt des Freikuxes oder Erbstammes, so z. B. in der Nassau-Katzenellenbogen'schen Bergordnung von 1559 (Art. 25), in der Kur-Trierschen von 1564 (Art. 25), in der Hamburgischen von 1570 (Nr. 7); später in verschiedenen Bergrechtskodifikationen des 18. Jahrhunderts kumulativ neben dem Erbkux bezw. dem Mitbaurecht zur Hälfte, so in der Klevisch-Märkischen revidierten Bergordnung von 1766 (Kap. 30 und 72), der schlesischen Bergordnung von 1769 (Kap. 73 und 74), der Halberstädter von 1772 (Kap. 73 § 1).[1]

[1] Sämtlich abgedruckt bei Brassert, Bergordnungen.

B. Interpretation des § 150 Absatz 1.

I. Lösung des gesetzgeberischen Problems im Allgemeinen Landrecht.

Mit der grundstürzenden Änderung aller wirtschaftlichen Verhältnisse um die Wende des 18. Jahrhunderts, der steigenden Intensität des Bergbaubetriebes, namentlich soweit der Kohlenabbau in Frage kam, insbesondere aber mit den technischen Änderungen, die der Übergang vom Stollen — oder gar Tagebau zum Tiefbau brachte, bildete sich zunächst gewohnheitsrechtlich als die Einwirkungen des Bergbaues auf die Oberfläche sich stetig steigerten, der Satz aus, daß der Bergwerksbesitzer auch im Falle des Nichtverschuldens dem Grundeigentümer für die durch die bloße Tatsache des Bergbaubetriebes entstandenen Oberflächenbeschädigungen aufzukommen habe. Im Gebiete des A.-L.-R. bildeten die Bestimmungen des 16. Titels im zweiten Teil des Gesetzbuchs die Unterlage für diese Rechtsentwicklung. Es sind die Paragraphen 112 und 116b, die hier abgedruckt seien: § 112: »Dagegen muß für Alles, was der Grundeigentümer zum Baue und Betriebe des Werkes abgetreten und verloren hat, demselben vollständige Entschädigung nach Vorschrift des ersten Teils Tit. 6 § 7 geleistet werden.« 116b: »Hat Jemand Gebäude, Wasserleitungen, Teiche, Bleichen und dergleichen in einem Reviere, wo ein Bergbau schon in solcher Nähe getrieben wird, daß eine weitere Ausdehnung desselben bis zu diesen neuen Anlagen vernünftiger Weise vorausgesehen werden konnte, dennoch angelegt, ohne sich von dem Bergamte die Stelle, wo es ohne seine Gefahr geschehen kann, anweisen zu lassen, so ist er wegen des durch den fortgehenden Bergbau daran entstehenden Schadens zu keiner Vergütung berechtigt.«

Es erscheint freilich zweifelhaft, ob § 112 des A. L. R., eines Gesetzbuches, das zu einer Zeit erlassen ist, wo noch die entgegengesetzte Rechtsausfassung in den meisten deutschen Territorien herrschte, — auch so weit sie unter preußischem Szepter waren, — trotz der für diese Auslegung sprechenden Bestimmung des § 116b wirklich bereits beabsichtigte, einen Entschädigungsanspruch des Grundeigentümers im Sinne des § 148 A. B. G. einzuführen. Das A. L. R. neigt sonst eher zu einer gewissen Weitschweifigkeit und es fällt schwer, anzunehmen, daß es absichtlich unterlassen haben sollte, eine gewiss einschneidende Änderung deutlich auszusprechen, so daß die gesetzgeberische Absicht durch ein argumentum e contrario aus dem § 116b hätte erraten werden sollen. Jedenfalls verhielt sich bis in die dreißiger Jahre des vorigen Jahrhunderts, wie die Motive zum Pensum XI der Gesetzes-Revision von 1833 angeben [1]), die herrschende Meinung ablehnend. Jedoch, gleichgültig ob auf Grund oder à propros der Bestimmungen der zitierten Paragraphen — seit der bahnbrechenden Entscheidung vom 16. März 1839 [2]) hat das preußische Obertribunal in konsequenter Rechtsprechung [3]) der Idee von der Verpflichtung des Bergwerksbesitzers zum Ersatze alles dem Grundeigentum zugefügten Schadens in einem, dem heutigen § 148 A. B. G. im wesentlichen entsprechenden Umfang zum Siege verholfen »und sich damit ein dauerndes, ehrenvolles Denkmal gesichert«. [4])

Durch diese Rechtsentwicklung bekam auch der § 116b erst seinen rechten Sinn und seine richtige Stellung im Systeme des Bergrechts. Die durch ihn getroffene Regelung »hat sich indessen als unpraktisch und dem Interesse des Bergbaues widerstreitend erwiesen«. [5]) Das Bergamt war meist außer Stande, dem Grundbesitzer eine für seinen Bau gefahrlose Stelle anzuweisen, [6]) zumal bei Mineralien, die in Flötzen abgelagert vorkommen. Nach Strohn [7]) hat die Bestimmung denn auch in keinem einzigen Rechtsfalle eine Rolle gespielt.

---

[1]) Abgedruckt bei Funke Z. 37, 298.
[2]) Entsch. IV. S. 354.
[3]) Siehe bei Klostermann, Entscheidungen S. 64 ff.
[4]) Daubenspeck, Bergschäden S. 7.
[5]) Motive Z. 6. 173.
[6]) Vergl. Klostermann, Bemerkungen zum Berggesetzentwurf. S. 117, Komm. S. 469; Achenbach Z. 4, 333.
[7]) Z. 7, 112.

2. Die Materialien zu § 150.

Über die Beseitigung herrschte deshalb allseitiges Einverständnis. Die Regelungen, die in anderen deutschen Berggesetzen der neueren Zeit versucht waren, um »einesteils den Grundbesitzer in der vollen Ausübung seines Rechts, nicht durch den Bergbau zu hindern, andernteils aber auch den Bergbau nicht der unbeschränktesten Willkür des Grundbesitzers preiszugeben«,[1]) z. B. im damaligen königlich sächsischen (§ 236), großherzoglich sächsischen (§ 135) und österreichischen (§§ 106, 107) Berggesetz, paßten zu der im übrigen beabsichtigten Regelung des Bergschädenanspruchs nicht.[2]) Die Motive kommen deshalb zu folgendem Resultat:[3]) »Unter diesen Umständen verdient die ebenfalls von vielen Seiten vertretene und auch im französischen Bergrechte maßgebende Ansicht den Vorzug, wonach jede singuläre Ausnahmebestimmung von der bergrechtlich festgestellten Entschädigungspflicht des Bergbautreibenden gegenüber dem Grundbesitzer zu vermeiden und vielmehr lediglich auf die allgemeine Rechtsregel zurückzugehen ist, daß der Beschädigte, welchem ein eigenes grobes Versehen bei der Beschädigung zur Last fällt, keinen Schadensersatz beanspruchen kann, sofern nicht etwa auf Seiten des Beschädigers ebenfalls grobes Versehen vorliegt (cfr. § 20 Th. I Tit. 6 A. L. R.).

Damit aber über die Anwendbarkeit dieses Grundsatzes dadurch kein Zweifel verursacht wird, daß das Berggesetz die Entschädigungspflicht des Bergbautreibenden im übrigen weiter ausdehnt als das Zivilrecht, erscheint es zweckmäßig, jene Rechtsregel, angewandt auf den Fall des Bergbaues, im Berggesetze selbst auszudrücken«.

Aus diesen Erwägungen heraus, die für die Interpretation nicht unwichtig sein werden, kam die Regierung in ihrem Entwurf zu folgendem § 150:

---

[1]) Mot. Z. 6, 172.
[2]) Vergl. auch das englische Bergrecht: Bluhme in Z. 10, 349.
[3]) S. 173 a. a. O.

»Der Bergwerksbesitzer ist nicht zum Schadensersatze verpflichtet, wenn durch den Betrieb des Bergwerks solche Gebäude oder andere Anlagen beschädigt werden, bei deren Errichtung dem Grundbesitzer die bereits durch den Bergbau drohende Gefahr nicht ohne eigenes grobes Versehen unbekannt bleiben konnte«.

Die Kommission des Herrenhauses setzte an die Stelle der Wendung »nicht ohne eigenes grobes Versehen« den Ausdruck: »bei Anwendung gewöhnlicher Aufmerksamkeit«, mit der ausgesprochenen Absicht, die neue Vorschrift der alten des § 116b Teil II Tit. 16 A. L. R. tunlichst anzunähern. Der Kommissionsbericht sagt dazu: »Das Allgemeine Landrecht stützt die Ausschließung des Schadensersatzes darauf, daß die Ausdehnung des Bergwerks bis zu den neuen Anlagen vernünftiger Weise vorausgesehen werden konnte. Was vernünftiger Weise vorausgesehen werden kann, dürfte mit dem, was ohne grobes Versehen nicht unbekannt bleiben kann, auf eins hinauslaufen und wenn der Bergbau schon in solcher Nähe getrieben wird, daß eine Ausdehnung desselben bis zu den neuen Anlagen vernünftiger Weise sich voraussehen läßt, so ist eine durch den Bergbau drohende Gefahr für denjenigen, der dennoch die Anlagen macht, offenbar vorhanden«.

Das Bestreben, den § 150 tunlichst an das bereits geltende Recht des § 116b anzunähern, führte zur Ablehnung zweier Amendements, die sich ihrerseits allerdings auch darauf stützten, daß der neue Paragraph die Lage des Bergbaubesitzers gegenüber den geltenden Bestimmungen des Landrechts wesentlich verschlechtere. Sie lauteten:

1. Dem § 150 folgende Fassung zu geben:

   »Hat Jemand in verliehenem Felde Gebäude errichtet oder Anlagen gemacht, ohne sich von dem Bergwerkseigentümer eine Stelle anweisen zu lassen, wo dieses ohne seine Gefahr geschehen kann, so ist er wegen der, durch den fortgehenden Bergbau daran entstehenden Schäden zu keiner Vergütung berechtigt«.

2. zu beschließen, den § 150, wie folgt, zu fassen:
»Der Bergwerksbesitzer ist nicht zum Schadenersatz verpflichtet, wenn durch den Betrieb des Bergwerks solche Gebäude oder andere Anlagen beschädigt werden, bei deren Errichtung dem Grundbesitzer die durch die Ausübung des Rechts des Bergbautreibenden begründete Gefahr nicht ohne erhebliches Verschulden unbekannt bleiben konnte«.

Zur Begründung wurde angeführt, daß die drohende Gefahr, von welcher der Entwurf spreche, nur dann angenommen werden dürfe, wenn der unzweifelhaft baldige Eintritt nachgewiesen wurde. Ein solcher Nachweis würde schwer zu führen und also der Bergwerkseigentümer in den meisten Fällen für die Schäden, welche solche Anlagen des Grundeigentümers durch den Bergbau erleiden, verantwortlich sein. Hierin liege eine wesentliche Verkümmerung des ihm verliehenen Bergwerkeigentums, die nicht selten dahin führen werde, daß der Bergbau ganz eingestellt werden müsse. Sehr oft würden aus Gewinnsucht Gebäude in einem verliehenen Felde errichtet werden, um den Bergwerkseigentümer zu einer hohen Entschädigung zu nötigen.

Die beiden Amendements wurden abgelehnt. Gegen sie wurde geltend gemacht, daß sie etwas festsetzen wollten, was zur Zeit nicht Rechtens sei. Es wurde in dieser Beziehung auf dasjenige Bezug genommen, was schon bei der Vergleichung des § 116b Tit. 16 Th. II A. L. R. und des § 150 des Entwurfs hervorgehoben worden ist.

Beide Amendements, in dem Sinne aufgefaßt, welchen die Antragsteller damit verbänden, würden die Rechte des Grundeigentümers erheblich schmälern. Der Antrag unter 1 würde schon in der Ausführung auf große Schwierigkeiten stoßen; er setze z. B. gar nicht fest, innerhalb welcher Zeit der Bergwerksbesitzer dem Grundeigentümer die Baustelle anweisen müsse. Er mache es von der Willkür des Ersteren abhängig, wo er dem Letzteren zu Gebäuden oder sonstigen Anlagen den Platz anweisen wolle. Dies dürfte darauf hinauslaufen, daß der Grundeigentümer auf seinem eigenen Grund und Boden, wenn derselbe verliehenes Feld sei, bauliche Anlagen zu machen gar nicht mehr befugt sei.

Der Antrag unter 2 könne auf dasselbe hinauslaufen, »wenn damit gemeint sein soll, daß die durch den Bergbau möglicher Weise entstehende Gefahr dem Grundeigentümer nicht unbekannt bleiben kann. Der Bergbau kann in jeden Teil des beliehenen Feldes kommen; der Bergwerksbesitzer hat das Recht, ihn überall hinzuführen. Daß er dieses Recht hat, kann dem Grundeigentümer ohne erhebliches Verschulden nicht unbekannt sein, folglich wird er überhaupt keinen Anspruch auf Vergütung der Schäden haben, welche durch den Bergbau an seinen Anlagen im verliehenen Felde entstehen, es sei denn, daß diese Anlage früher stattgefunden hat, als die Verleihung.«

Das Amendement unter 2 lasse aber auch die ganz entgegengesetzte Erklärung zu. Es sei in demselben von der Ausübung des Rechts des Bergbautreibenden die Rede. Die erste Frage sei also die: hat der Bergbautreibende das Recht, die Anlagen des Grundeigentümers ohne Vergütung zu beschädigen? Dies sei ihm nirgends beigelegt und wenn er es nicht habe, so könne dem Grundeigentümer auch kein Verschulden beigemessen werden, wenn es ihm unbekannt bleibe.

Die Besorgnis, daß aus Spekulation Häuser oder Anlagen errichtet werden könnten, um von dem Bergwerksbesitzer hohe Entschädigungen zu erlangen, dürfte an sich nicht begründet, eventuell durch eine Zusatzbestimmung zu § 150 zu beseitigen sein.[1])

III. Stellung des Paragraphen im System.

Die Stellung, welche dem nunmehr Gesetz gewordenen § 150 im Rechtssysteme anzuweisen ist, bedarf einer eingehenden Erörterung.

---

[1]) Welch letztere dann wirklich in dem unten zu besprechenden Absatz 2 gegeben worden ist.

a) Die Legalservitut Klostermann's.

Lediglich der Vollständigkeit halber sei die von Klostermann in der ersten Auflage seines Kommentars [1]) aufgestellte Ansicht erwähnt, daß durch den § 150 eine Legalservitut in Gestalt eines Untersagungsrechtes konstruiert werde, auf welche der Bergwerksbesitzer in einer seinem Besitznachfolger bindenden Weise vertragsmäßig verzichten könne, indem durch diesen Verzicht nun wiederum zu Gunsten des bebauten Grundstücks auf dem Bergwerk eine Servitut »ne aedes diruantur« begründet werde. Diese allseitig verworfene Ansicht war von Klostermann selber bereits in der 4. Auflage seines Kommentars mit Rücksicht auf die von Oppenhoff [2]) und Daubenspeck [3]) erhobenen Einwendungen dahin eingeschränkt worden, daß der Inhalt dieser Legalservitut vielleicht richtiger in der Duldung künftiger Beschädigung der Anlage durch den Bergbau gefunden werde. In der von Fürst besorgten 5. Auflage ist nunmehr die Ansicht als unhaltbar vollständig aufgegeben worden. Zweifellos mit Recht, da der § 150, wie unten des Näheren auszuführen sein wird, lediglich eine aktiv und passiv persönliche Einrede enthält, die gegenüber einem etwaigen Besitznachfolger nicht durchgreift.

b) Verhältnis zur Regel des konkurrierenden Verschuldens.

Ziemlich unbestritten herrscht in Theorie und Praxis die Meinung, daß der § 150 nichts weiter enthalte, als eine Anwendung der Rechtsregel von der Ausgleichung konkurrierenden Verschuldens, die im gemeinen Recht zuerst ausgebildet worden ist, im A. L. R., dessen allgemeine Rechtsprinzipien dem A. B. G. zu Grunde lagen, ihre Stelle hat und nunmehr im B. G. B. im § 254 formuliert ist. Wäre diese herrschende Meinung richtig, so würde die Frage dringend werden, ob unser Paragraph nicht durch das Inkrafttreten des neuen Gesetzbuches beeinflußt worden ist. In dieser

[1]) Nr. 340.
[2]) Nr. 852.
[3]) Haftpflicht S. 45 f.

Hinsicht scheint z. B. Westhoff[1]) als selbstverständlich anzunehmen, daß der § 254 B. G. B. nunmehr der Interpretation des § 150 A. B. G. zu Grunde zu legen sei, wenigstens bezüglich der Frage, was unter der Außerachtlassung der gewöhnlichen Aufmerksamkeit zu verstehen ist. Westhoff ist geneigt, dafür einfach die Definition des B. G. B. von der Fahrlässigkeit einzusetzen. Vielleicht würde der Richter dann aber auch genötigt sein, in Zukunft in Fällen der Einrede des § 150 den Ersatzanspruch nicht mehr völlig abzuweisen, sondern den Schaden nur angemessen zu verteilen. Mindestens würde sich uns de lege ferenda dieser Gedanke als unabweislich aufdrängen.

Aber ist es denn auch wirklich wahr, daß der § 150 A. B. G. nur ein Spezialfall der Einrede des konkurrierenden Verschuldens ist?

Die Literatur hält sich fast durchweg mit der Erörterung dieser Frage überhaupt nicht auf, sondern beschränkt sich darauf, die Bemerkung der Motive zu zitieren, daß man bei der Normierung des § 150 besagte allgemeine Rechtsregel habe anwenden wollen und hält damit die Sache für erledigt.

Um so eingehender wird dafür in Literatur wie Rechtsprechung die von der Bejahung dieser Vorfrage abhängige Kontroverse erörtert, ob für den Ausschluß der Schadensersatzverbindlichkeit ein »grobes« oder ein »mäßiges« Versehen auf Seiten des Grundeigentümers vorliegen müsse. Ihren Grund hat diese Kontroverse darin, daß die Herrenhauskommission den ursprünglichen Wortlaut des Entwurfs »nicht ohne grobes Versehen« in »bei Anwendung gewöhnlicher Aufmerksamkeit« umgewandelt hat. Warum sie das getan hat, darüber schweigt sich ihr Bericht aus. Die Entscheidung des Reichsgerichts vom 5. Juli 1884,[2]) welche in dieser Frage die ganze Literatur stark beeinflußt hat, erklärt es sich folgendermaßen: »Vielleicht ist dies geschehen, weil

[1]) Bergbau und Grundbesitz nach preußischem Recht unter Berücksichtigung der übrigen deutschen Berggesetze. Berlin 1904, Band I S. 348.

[2]) D. I. S. 342 ff.

das Allgemeine Berggesetz für den ganzen Umfang der Monarchie bestimmt war, also auch für Geltungsbereiche des gemeinen und des rheinischen Rechts und weil man den mit der landrechtlichen dreigliedrigen Einteilung des Versehens zusammenhängenden Ausdruck: »grobes Versehen«, der jenen Rechtsgebieten fremd ist, vermeiden wollte«.

Was hier nur als Vermutung ausgesprochen ist, wird bei Klostermann[1]) schon als Tatsache angeführt.

Nun definiert das A. L. R.[2]) I § 17 das Versehen folgendermaßen:

»Wer aus Mangel dieser (sc. im § 16 l. c. definierten) Aufmerksamkeit wider die Gesetze handelt, der begeht ein Versehen.«

Ein Versehen wird also nur durch ein Handeln begangen. So war es unter dem A. L. R. und nichts anderes ist bezüglich der culpa des gemeinen Rechts und der Fahrlässigkeit des B. G. B. zu sagen. Freilich geht nicht nur die Sprechweise des Lebens, sondern auch vielfach die der Juristen noch einen Schritt zurück und nennt ein Versehen nicht, das aus einem Mangel an »Aufmerksamkeit« oder »Sorgfalt« und einem dadurch veranlaßten Irrtum entspringende rechtswidrige Handeln, sondern dieses Irren selbst. Man darf dabei aber nicht außer Acht lassen, daß es sich um einen ungenauen, leicht zu falschen Schlüssen führenden Sprachgebrauch handelt.[3]) Ein bloßes, aus noch so großem Leichtsinn entspringendes Nichtwissen stellt niemals ein Versehen oder eine Fahrlässigkeit im Sinne des Rechts dar. Ein grobes Versehen kann also denkbarer Weise im vorliegenden Falle in dem Errichten eines Gebäudes im Wirkungsbereiche drohender Gefahr durch Bergwerksbetrieb erblickt werden, niemals aber in der aus den frivolsten Gründen zu erklärenden Unbekanntheit mit der Gefahr.

Ich möchte deshalb die von der Herrenhauskommission vorgenommene Änderung lediglich für eine redaktionelle

---

[1]) Komm. S. 470.
[2]) 67. Teil I. Titel 3.
[3]) Vgl. Zitelmann. Das Recht des B. G. B. Allgem. Teil. S. 160 Leipzig 1900.

halten, die als solche keiner langatmigen Begründung in ihrem Bericht bedurfte.

Wäre der Ausdruck des Entwurfs stehen geblieben, so wäre immer noch die Frage aufzuwerfen gewesen, ob der § 150 bei der Errichtung des Gebäudes ein grobes oder mäßiges Versehen verlange, da das Wort »grobes Versehen« in einem nicht mit dem sonst beim A. L. R. damit verbundenen Begriff übereinstimmenden Sinne gebraucht worden wäre. Sie wäre dann allerdings — immer unter der Voraussetzung, daß der Tatbestand des § 150 überhaupt ein Versehen voraussetzt — wohl zu bejahen gewesen, da man bei Berücksichtigung der Motive und der übereinstimmenden Ansicht aller beteiligten gesetzgeberischen Faktoren nicht gut hätte zweifeln können, daß man unter einem »groben Irrtum« einen solchen verstehe, der »bei gewöhnlichen Fähigkeiten ohne Anstrengung der Aufmerksamkeit hätte vermieden werden können«. Ebenso unzweifelhaft scheint mir aber auch die Frage jetzt — wiederum unter der gleichen Voraussetzung — zu verneinen zu sein, wo der nunmehrige Wortlaut des § 150 als maßgebend zu gelten hat. Entscheidend ist nicht, was der Gesetzgeber wollte, sondern nur das, was schließlich tatsächlich festgelegt ist. Und da ist nicht zu bestreiten, daß die »Anwendung der gewöhnlichen Aufmerksamkeit« ziemlich wörtlich mit der Definition des mäßigen Versehens im § 20 Teil I Tit. III. des A. L. R. die vom »gewöhnlichen Grade von Aufmerksamkeit« spricht, übereinstimmt, während die oben angeführte Definition des »groben Versehens« wesentlich abweicht.[1]

Unseres Erachtens kann aber überhaupt nicht die Rede davon sein, daß der § 150 A. B. G. blos einen Spezialfall des konkurrierenden Verschuldens darstellt. Die Begründung, die Daubenspeck für die These[2] gibt, erscheint ganz

---

[1] Vgl. zu der Streitfrage außer der oben zitierten Reichsgerichtsentscheidung die Entsch. D. I. S. 348 f. Ferner Klostermann-Fürst S. 470; Oppenhoff Nr. 851; Arndt S. 161. Für mäßiges Versehen sind Strohn Z 7, 112; Daubenspeck, Haftpflicht, S. 74. Bergschaden S. 84 ff.

[2] Bergschaden S. 79.

abwegig. Von einer Unterbrechung des Kausalzusammenhangs, die er für vorliegend zu erachten scheint, kann gar nicht die Rede sein, da normaler Weise das Handeln des Beschädigten, nämlich das Errichten der Gebäude vor dem Handeln des Schädigers liegen dürfte. Auch die Frage »welches Verschulden als die wirkliche Ursache des Schadens (causa efficiens) anzusehen ist«, ist zu sehr in Anlehnung an die ziemlich allgemein aufgegebene Ansicht Pernice's[1]) und v. Bar's[2]) gestellt, »daß der Damnifikant durch das eigene Verschulden des Damnifikanten aufhöre, kausal zu sein«, als daß man annehmen könnte, ihm habe beim Niederschreiben dieser Sätze die Lehre vom konkurrierenden Verschulden ganz klar vorgeschwebt. Seine Ausführungen sind aber zu knapp, um ein sicheres Urteil darüber zu ermöglichen. Es ist für das heutige Recht allseitig anerkannt und war auch für die früheren Rechte als herrschende Meinung anzusehen, daß von einem konkurrierenden Verschulden des Beschädigten nur dann die Rede sein könne, wenn der Kausalzusammenhang zwischen der Tat des Schädigers nicht unterbrochen wurde,[3]) da sonst die Handlung des Schädigers ja überhaupt nicht mehr verursachend geblieben wäre. Es genügt aber nicht, jede als mit verursachende in Frage kommende Handlung des Beschädigten; eine solche Handlung muß sich vielmehr als ein Verschulden darstellen. Und zwar nicht als ein Verschulden in nichttechnischem Sinne, wie das Wort im Sprachgebrauche des gewöhnlichen Lebens verwendet wird und das demnach nichts Weiteres als ein Verursachen sein würde.[4])

Hier erhebt sich nun aber die eigentliche Kernfrage der ganzen Lehre vom mitwirkenden Verschulden, die dabei aber merkwürdiger Weise in der ganzen Literatur der frü-

---

[1]) Zur Lehre von den Sachbeschädigungen Weimar 1867 S. 160, 178. In seinem Labeo Bd. II S. 36 widerruft sich übrigens P. »für die Mehrzahl der Fälle«.

[2]) Lehre vom Kausalzusammenhang Leipzig 1871, S. 27.

[3]) Vgl. Gottschalk S. 67.

[4]) A. M. Endemann S. 757 und 747 Anm. I.

heren Rechte vollständig ignoriert und zuerst von Zitelmann[1] bei der Darstellung des neuen bürgerlichen Rechts behandelt worden ist. Da es sich im vorliegenden Falle um die Auffindung juristischer Grundbegriffe handelt, steht wohl nichts im Wege, Ergebnisse wissenschaftlicher Tätigeit, die zufällig erst auf dem Boden eines jüngeren Rechts erwachsen sind, auf im wesentlichen gleichartige Regeln eines älteren Rechts zu übertragen. Die Regel vom konkurrierenden Verschulden modifiziert den Satz: »Qui iure suo utitur, neminem laedit«. In seinem eigenen Vermögen darf sich an sich jeder selbst schädigen, wie es ihm gutdünkt, wenn er dabei nur in keine fremde Rechtssphäre eingreift. Ein solcher Eingriff liegt nicht nur dann vor, wenn andere irgend ein Recht auf dieses Vermögen haben, sondern auch wenn ein dritter aus irgend einem rechtlichen Grund an sich verpflichtet ist, den entstandenen Schaden zu ersetzen. Hier schädigt der Handelnde nicht nur sich selbst, sondern indirekt auch einen anderen, auch eine solche Schädigung fremder Interessen zu vermeiden, besteht eine Rechtspflicht. Der Nachteil, welchen das Recht an diese Handlung knüpfte, ist freilich nicht die Verpflichtung zu einer positiven Ersatzleistung, sondern nur negativ der Verlust eines an sich bestehenden Schadensersatzanspruches. Dieser Satz, den ich für das Recht des B. G. B. in Übereinstimmung mit einem großen Teil der Literatur[2] als geltend und dem § 254 B. G. B. stillschweigend zu Grunde liegend annehme, muß auch für das Allgemeine Landrecht vorausgesetzt werden, obwohl, wie oben erwähnt, die preußisch-rechtliche Literatur darüber schweigt und zur Interpretation der maßgebenden §§ 18—21 des 6. Titels I. Teils A. L. R. eigentlich weiter nichts getan hat, als den jeweiligen Stand der gemeinrechtlichen Lehre vorzutragen und daran die Bemerkung zu

---

[1] l. c. S. 166 ff.

[2] Vgl. Endemann l. c. S. 598; v. Liszt, Deliktsobligationen S. 34; Gottschalk S. 73; a. M.: Rümelin, die Gründe der Schadenszurechnung etc. S. 141 und 164; Zitelmann l. c. S. 166 ff. Näher die in Einzelheiten von einander abweichenden Ansichten dieser und anderer von ihnen abhängiger Schriftsteller darzustellen, würde hier zu weit führen.

knüpfen, daß das A. L. R. einer unheilvollen Kasuistik[1] in dieser Frage verfallen sei[2]).

In welchem Umfange besteht nun aber eine Verpflichtung, durch eigene Tätigkeit darauf hinzuwirken, daß im eigenen Vermögen kein Schaden entsteht, den möglicherweise ein dritter zu ersetzen haben könnte? Für die Beantwortung dieser nicht leichten Frage scheint mir die Formel, die Zitelmann[3]) aufstellt, zutreffend zu sein. Es ist »auf die tatsächlich herrschenden Anschauungen, insbesondere auf die ethischen Anschauungen zu verweisen, ihnen zufolge muß die Person durch die Unterlassung eine ihr gegen sich selbst obliegende Pflicht verletzt haben; sie muß unterlassen haben, was nach der durchschnittlichen Beobachtung ein vernünftiger Mensch im eigenen Interesse getan haben würde«. Unter Berücksichtigung dieses Grundsatzes wird man sagen können, daß die ethische Verpflichtung Nachteile in seinem Vermögen zu vermeiden, um nicht andere schadensersatzpflichtig zu machen, niemals so weit gehen kann, daß dem Beschädigten dadurch sein Recht verkümmert wird, »sich seines Eigentums innerhalb der gehörigen Schranken zu bedienen.[4])

Bei einer solchen Auffassung der Regel vom konkurrierenden Verschulden kann nicht anerkannt werden, daß der § 150 A. B. G. nichts weiter enthalte, als eine Anwendung der allgemeinen Regel. Ohne die in ihm enthaltenen speziellen Bestimmungen würde von der Verletzung einer Rechtspflicht zur Vermeidung von Nachteilen nicht die Rede sein können. Einerseits ist nicht immer gesagt, daß das eigene Interesse außer Acht gelassen sein

---

[1]) Vgl. dazu auch Daubenspeck, Bergschaden S. 80.

[2]) Eine Kritik, die noch nicht einmal als gerecht anzuerkennen ist, da besonders die Scheidung zwischen mittelbarem und unmittelbarem Schaden auch nach dem heutigen Recht ein fruchtbarer Gedanke für den Richter sein dürfte, der zu entscheiden hat, inwieweit ein Schaden durch den Schädiger und durch das eigene Verschulden des Beschädigten verursacht worden ist.

[3]) l. c. S. 168. Seine Formel scheint mir auch für den hier vertretenen Standpunkt wohl verwendbar, obwohl er betreffs des Rechtsgrundes der Verpflichtung zum Vermeiden eigener Beschädigung anderer Ansicht ist.

[4]) A. L. R. Tit. 6 I § 36.

muß, selbst wenn der Grundeigentümer bei der Errichtung seines Baues ganz bestimmt die Beschädigung durch den Bergwerksbetrieb vorausgesehen hat. Es kann immer noch vorteilhaft für ihn sein, selbst unter der Voraussetzung, er habe keinerlei Entschädigung zu erwarten, wenn er zum Beispiel eine Wirtschaft an einer sehr verkehrsreichen Stelle errichtet, die starken Bodenbewegungen ausgesetzt ist, anstatt an einer sicheren, die vom Verkehr abseits liegt. Andererseits ist überhaupt zu sagen, daß die Rücksicht auf den Bergwerkstreibenden nicht so weit gehen kann, daß dem Grundeigentümer die Benutzungsmöglichkeit für sein Grundstück gerade in der wichtigsten Beziehung vollständig entzogen wäre. Das würde mit dem oben zitierten § 36 Teil I Tit. VI A. L. R. in unlösbarem Widerspruch stehen und bedenklich an die Klostermann'sche Theorie von der Legalservitut zu Gunsten des Bergwerksbesitzers erinnern.

Wir glauben also genötigt zu sein, zur Ansicht der älteren Bergwerkslehre[1]) zurückzukehren, wonach die auf den § 116b Teil II Titel 16 A. L. R. zurückgehende Vorschrift des § 150 A. B. G. ein dem preußischen, wie den ihm nachgebildeten Bergrechten eigentümliche, auf der Billigkeit beruhende Anordnung ist, die keineswegs eine bloße Anwendung eines allgemeinen Rechtsgrundsatzes darstellt. Auch kann von unserem Standpunkt aus nur gebilligt werden, wenn die Gerichte[2]) sich vielfach darauf beschränken, die tatsächliche Feststellung unter strikter Anlehnung an den Wortlaut des Gesetzes dahin zu treffen, daß dem Kläger die durch den Bergbau drohende Gefahr bei Anwendung gewöhnlicher Aufmerksamkeit nicht unbekannt bleiben konnte.

c) Verhältnis des § 150 zu § 148 des Allgemeinen Berggesetzes.

Der § 150 des A. B. G. gibt eine Einrede gegenüber dem Anspruch aus dem § 148. Der Umfang der Anwendbarkeit

---

[1]) Vgl. Karsten, Grundriß der deutschen Bergwerkslehre S. 231.

[2]) was Daubenspeck (Bergschaden S. 92) tadeln zu müssen glaubt.

dieses letzteren Paragraphen ist demnach auch entscheidend für den Umfang der Anwendbarkeit des § 150. Er hat also nicht statt beim Grundeigentümerbergbau, d. h. beim Abbau von Mineralien, bezüglich deren keine Bergbaufreiheit besteht, soweit dort keine Übertragung der Bestimmungen des A. B. G. über Entschädigung für Bergschäden stattgefunden hat.[1]) Es muß sich weiter um einen wirklichen, »unterirdisch oder mittels Tagebaues geführten« Bergwerksbetrieb im Sinne des § 148 handeln. Es muß also ein Schaden in Frage kommen, aus der »unmittelbar auf die Gewinnung des Minerals selbst gerichteten, bei dem unterirdischen Bergbau sich in diesem unterirdischen Betriebe selbst erschöpfenden Tätigkeit«.[2]) Beschädigungen durch die Anlagen, Maschinen, Kessel und dergl. über Tage unterliegen den allgemeinen gesetzlichen Bestimmungen.[3]) [4])

Auch gegenüber einer actio negatoria und einem auf unerlaubte Handlung des Bergwerksbesitzers sich stützenden Anspruch kann die Einrede des § 150 nicht vorgebracht werden. Die negatorische Klage ist bei der Art der gesetzlichen Regelung des Verhältnisses zwischen Bergbau und Grundeigentum regelmäßig überhaupt nicht zulässig, soweit der eigentliche Bergwerksbetrieb im Sinne des § 148 in Frage kommt. Sie trifft dort nur zu, wenn es sich um einen Betrieb des Bergwerks in einer gegen die bergpolizeilichen Anordnungen auf Grund des § 196 A. B. G. verstoßenden Weise oder unter Außerachtlassung der durch die §§ 153 ff. auferlegten Verpflichtungen zur Rücksichtnahme auf öffentliche Verkehrsanstalten[5]) handelt oder wenn der Berechtigte die Grenze seines Bergwerkseigentums überschreitet, also

---

[1]) Vgl. Westhoff S. 85 ff. Ich muß mir eine nähere Darlegung an dieser Stelle versagen.

[2]) Daubenspeck, Bergschaden S. 49.

[3]) Kommissionsbericht des Abgeordnetenhauses bei Z 6. 338.

[4]) Vgl. zu den hier berührten Fragen überhaupt die bergrechtliche Literatur zum II. Abschnitte des 5. Titels und zu § 148. Besonders ausführlich ist die Darstellung bei Westhoff. S. 87 ff.

[5]) Im letzteren Falle steht übrigens blos den Verkehrsanstalten selbst die actio negatoria zu, nicht auch dem Grundeigentümer, der sich im Schutzbereiche ihres Sicherheitspfeilers angebaut hat.

objektiv widerrechtlich handelt.[1]) Kommt noch die subjektive Widerrechtlichkeit, Vorsatz oder Fahrlässigkeit des Bergwerksbesitzers in diesen Fällen hinzu, so würde er auf Grund einer Deliktsklage haftbar gemacht werden können. Auch einer solchen gegenüber wäre die Anwendung des § 150 ausgeschlossen.[2])

IV. Erläuterung des Absatzes 1 im einzelnen.

1. Sachlicher Umfang.

a) Begriff der Gebäude etc.

Die Einrede des § 150 Absatz 1 ist zulässig bei Schäden, die »an Gebäuden oder anderen Anlagen« entstehen. Als solche andere Anlagen kommen zum Beispiel in Betracht die im § 116b Teil II Tit. 16 des A. L. R. genannten »Wasserleitungen,[3]) Teiche, Bleichen«, ferner Brunnen,[4]) Gleisanlagen, Tennisplätze, Flutgräben,[5]) Kanalisationen, Gradierwerke, Windmühlen, Brücken und ähnliches. Es ist gleichgültig, ob es sich um die erstmalige Errichtung eines Gebäudes auf dem betreffenden Grundstück handelt oder um einen Bau, der an der Stelle früher schon vorhandener errichtet wird.[6]) Unter Umständen umfaßt der Begriff auch blos Erweiterungen und Umbauten von vorhandenen Gebäuden.[7])

b) Ausschluß der Anwendbarkeit bei öffentlichen Verkehrsanstalten.

Nicht anwendbar ist § 150 bei Beschädigungen von öffentlichen Verkehrsanstalten im Sinne des 3. Abschnitts 5. Titels A. B. G., also von »Chausseen, Eisenbahnen,

---

[1]) Vgl. Westhoff S. 362.

[2]) Ebenso Mot S. 89; Daubenspeck S. 49; Klostermann-Fürst, S. 470; Brassert Komm. S. 410. Wie das allerdings mit der Auffassung dieser Schriftsteller zu vereinbaren ist, daß der § 150 A. B. G. nur einen Spezialfall der allgemeinen Rechtsregel von der Kulpakompensation darstelle, ist schwer einzusehen

[3]) Entsch. d. R. G. bei D. II S. 179.

[4]) Entsch. d. R. G. bei D. I S. 369.

[5]) Entsch. d. R. G. Z. 33, 229.

[6]) Entsch. d. R. G. vom 1. 4. 82 bei D. I. 361.

[7]) Vgl. Brassert S. 114; Klostermann-Fürst S. 470; Westhoff S. 368; sowie die Entsch. d. O.-Trib. v. 27. 2. 65 (b. Striethorst Bd. 57 S. 235, auch bei Z. 7. 241), die zwar das ältere Recht betrifft, aber auch heute noch anwendbar sein dürfte.

Kanälen und anderen öffentlichen Verkehrsmitteln, zu deren Anlegung dem Unternehmer durch Gesetz oder besondere landesherrliche Verordnung das Expropriationsrecht beigelegt ist«.[1])

Nicht nur deshalb, weil nach diesen Bestimmungen der Bergwerkseigentümer verpflichtet ist, »solche Vorsichtsmaßregeln zu treffen, welche eine Beschädigung solcher Anlagen ausschließen, daß der Unternehmer also anzunehmen berechtigt ist, der Bergbautreibende werde fortab mit der Errichtung dieser öffentlichen Verkehrsanlage seinen Betrieb so einschränken bezw. mit solchen Vorsichtsmaßregeln umgeben, daß der Anlage kein Schaden erwachsen könne, sodaß von einem Versehen des ersteren deshalb niemals die Rede sein könne«.[2]) Denn diese Erwägung, welche im wesentlichen Ausführungen eines Urteils des O. L. G. Hamm[3]) wiedergibt, stellt nach der richtigen Bemerkung des Reichsgerichts[4]) nur eine tatsächliche Verneinung des Grundes der unter Berufung auf § 150 vorgebrachten Einrede vor, läßt aber an und für sich die Frage nach der theoretischen Zulässigkeit dieser Einrede auch bei öffentlichen Verkehrsanstalten offen. Die Anwendbarkeit des § 150 A. B. G. gegenüber den öffentlichen Verkehrsanstalten ist aber auch für grundsätzlich ausgeschlossen zu erachten.

Unter der Geltungsdauer des A. L. R. verhinderte das Direktionsprinzip[5]) eine Kollision zwischen dem Bergbau und den öffentlichen Verkehrsanstalten von vornherein. Das die behördliche Aufsicht einschränkende Gesetz vom 21. 5. 1860 behielt u. a. eine Einwirkung noch bei, soweit es notwendig sei, »zur Wahrung . . . . der Sicherheit . . . . der Oberfläche im Interesse des Privat- und öffentlichen Verkehrs«.[6]) Über die Natur dieser Einschränk-

[1]) § 153 A. B. G.
[2]) So die Argumentation bei Westhoff S. 363.
[3]) Z. 32, 377.
[4]) Entsch. v. 11. 11. 91. bei D. I S. 365.
[5]) § 82 Teil II Tit. 16 A. L. R.
[6]) § 1 a. a. O.

ung bestand bereits vor dem Inkrafttreten des A. B. G. eine Streitfrage. Mit der herrschenden Meinung[1]) ging der Entwurf des A. B. G. in seinen §§ 153—155 prinzipiell davon aus, daß es sich nicht um einen polizeilichen Eingriff in des Eigentum, sondern um eine gesetzliche Einschränkung desselben im Sinne des § 1 und 2 Teil I Tit. 22 A. L. R. in Verbindung mit dem Gutachten des Staatsministeriums vom 16. 11. 1831[2]) handele. Daraus ergab sich die Verneinung einer Entschädigungsverbindlichkeit des Staates für aus diesem Crund erfolgende Eingriffe in das Bergwerkseigentum. Lediglich aus Billigkeitsrücksichten, zur Ausgleichung der Interessen des Bergbaues und des öffentlichen Verkehrs[3]) ist der beschränkte Schadensersatzanspruch des § 154 a. a. O. gegeben worden. Daß dabei die gesetzliche Beschränkung des Bergwerkeigentums Grundlage der Vorschriften blieb, ergibt sich auch aus den Kommissionsberichten des Abgeordnetenhauses.[4])

Anders ist auch die »nach ihrer Fassung selbstverständliche und daher anscheinend wertlose Bestimmung« des § 153 Abatz 1 nicht zu erklären. »Ihr Schwerpunkt ist darin zu finden, daß ihr gemäß der Bergbauende die darin bezeichneten Anlagen durch seinen Bergwerksbetrieb nicht verhindern oder gefährden darf, vielmehr mit Ausübung seines Bergbaurechts zurückstehen, also bei dieser Ausübung solche Vorkehrungen treffen muß, daß die bezeichneten Anlagen einer Gefahr der Vernichtung oder Beschädigung nicht ausgesetzt sind.«[5])

Aus dieser wesentlich verschiedenen Stellung der öffentlichen Verkehrsanstalten gegenüber dem Bergbau im Vergleich zu dem Verhältnis zwischen Bergbau und Grundbesitz, ergibt sich, daß bei den ersteren von einer Verpflicht-

---

[1]) Vgl. Klostermann Kom. S. 478 Lehrbuch S. 379 ff. Übersicht S. 71 ff. a. M. Die Entschädigungsverbindlichkeit der Eisenbahn dem Bergwerkseigentümer gegenüber. Berlin 1864.

[2]) Ges.-Samml. S. 456.

[3]) Vgl. die Mot. zu § 153 ff. bei Z. 674.

[4]) Z. 6. S. 350 f.

[5]) Entsch. d. O.-Trib. Bd. 61. S. 317.

ung zur Rücksichtnahme auf den Bergwerksbetrieb, wie sie der § 150 A. B. G. dem Grundbesitzer auflegt, nicht die Rede sein kann. Der Unternehmer der öffentlichen Verkehrsanstalt braucht so wenig Rücksicht auf den umgehenden Bergbau zu nehmen, daß der Bergwerksbesitzer sogar verpflichtet ist, positiv tätig zu werden, um eine Beschädigung der neu errichteten Verkehrsanlage durch seinen bereits vollendeten Betrieb zu verhüten und daß er hierfür nach § 154 nur einen beschränkten Entschädigungsanspruch hat.

Hier dreht sich allerdings, wie das Reichsgericht sehr richtig sagt,[1]) das im allgemeinen zwischen Bergbau und Grundbesitz bestehende Verhältnis vollkommen um: nicht die Verkehrsanstalten haben dem Bergbau, sondern dieser jenem zu weichen. Freilich die dann folgenden Ausführungen des Reichsgerichts kann ich nicht für zutreffend halten, glaube vielmehr, daß sie nur die ganze Unhaltbarkeit der Konstruktion eines konkurrierenden Verschuldens im Falle des § 150 A. B. G. darzutun vermögen. Es heißt dort: »Jede Beschädigung einer öffentlichen Verkehrsanstalt durch den nach deren Genehmigung und Errichtung fortgesetzten Bergbau erweist sich, auch wenn ein Verschulden des Bergbautreibenden nicht vorliegt, als eine im letzteren Fall wenigstens objektive Rechtsüberschreitung, durch welche die allgemeine Entschädigungspflicht des Bergwerksbesitzers für Beschädigung des Grundeigentums (§ 148) dergestalt modifiziert wird, daß für die Annahme eines konkurrierenden Versehens des Beschädigten im Sinne des § 150 a. a. O. kein Raum bleibt. Denn der das Bergbaurecht beschränkende gesetzliche Schutz der öffentlichen Verkehrsanstalten deckt die letzteren, soweit sie errichtet sind, schlechthin gegen den künftigen Bergbau und die hypothetische Erkennbarkeit der Gefahr zur Zeit der Errichtung liegt sonach außerhalb der zwischen dem Schaden und dem nach Errichtung der Anlagen fortgesetzten Bergbau bestehenden Kausalität«.

[1]) Entsch. bei D. I S. 367 f.

Nun liegt die Erkennbarkeit der Gefahr allerdings hier wie überall außerhalb der Kausalität, denn die Erkennbarkeit kann nie etwas verursachen. Aber der Umstand, daß in dem einen Falle eine objektive Rechtsüberschreitung, in dem anderen eine rechtlich zugelassene Handlung in Frage kommt, vermag die Entschädigungspflicht des Bergwerksbesitzers durchaus nicht so zu modifizieren, daß für konkurrierendes Verschulden überhaupt kein Raum mehr bleibt. Wenn das für konkurrierendes Verschulden im allgemeinen gilt, muß es auch für ein solches im Sinne des § 150 zutreffen, wenn es sich eben bei diesem Paragraphen um ein mitwirkendes Versehen wirklich handelt. Das Reichsgericht kann also von seinem Standpunkt aus höchstens zu einer Einschränkung der Anwendbarkeit des § 150 bei Errichtung von öffentlichen Verkehrsanstalten kommen, etwa unter Zugrundelegung der Skala der §§ 18—22 Teil I Tit. 6 des A. L. R. aber niemals zu einer vollständigen Ablehnung. Das können wir lediglich, wenn wir den § 150 für eine positive Spezialbestimmung erklären, die durch positives Gesetz in einem Fall für anwendbar, in anderen für unanwendbar erklärt worden ist.

Weiter ist zu dieser Entscheidung des Reichsgerichts noch zu bemerken, daß die Geltendmachung der Einrede des § 150 A. B. G nicht nur dann ausgeschlossen erscheint, wenn es sich um Grubenbaue handelt, die nach der Errichtung der Anlage fallen. Nach der Regelung der Verpflichtung zum Schadensersatz in § 154 ist anzunehmen, daß der Bergwerksbesitzer auch entsprechende Vorkehrungen zu treffen hat, um schädliche Wirkungen vorausgegangenen Bergbaues zu verhindern. Er müßte also nachweisen, daß auch unter der Voraussetzung der von ihm vorzunehmenden Reparaturen und Veränderungen eine Außerachtlassung der gewöhnlichen Aufmerksamkeit auf Seiten der Eisenbahnunternehmung beim Bau vorlag, z. B. weil der Vorschrift des § 153 Abs. 2 zuwider der Besitzer nicht gefragt worden war, oder auch, daß die Beschädigung darauf zurückzuführen, daß die Gebirgsmassen bereits zur Zeit des Eisenbahnbaues in Bewegung waren und daß die eingetretene Oberflächenbeschädigung in Fortsetzung der schon vorhandenen unterirdischen Bewegungen vorauszusehen war.[1])

Die Abgrenzung, welche Anlagen der öffentlichen Verkehrsanstalten den besonderen Schutz der §§ 153 ff. genießen, wie weit also auch der Ausschluß der Einrede des § 150 A. B. G. geht, ist nicht so leicht, als es nach dem Umstande scheinen möchte, daß sich fast alle Lehrbücher und Kommentare darüber ausschweigen und daß die Frage bisher noch niemals zum gerichtlichen Austrage gekommen zu sein scheint. Westhoff[2]) rechnet außer dem eigentlichen Bahnkörper die Empfangsgebäude, Güterschuppen, Lokomotivschuppen u. dergl. dazu, nicht dagegen auch Häuser, die lediglich als Wohngebäude für Eisenbahnbeamte dienen, ebenfalls nicht Gelände, das sich die Eisenbahnverwaltung für spätere Betriebserweiterung gesichert hat, vorläufig aber noch anderweitig verwertet. Die Abgrenzung scheint mir nicht unrichtig; das entscheidende Kriterium möchte ich darin sehen, daß es sich um Anlagen handelt, bezüglich deren einerseits das Expropriationsrecht gegeben war und die andererseits dem eigentlichen Eisenbahnbetriebe, d. h. dem Transport von Menschen und Gütern unmittelbar zu dienen bestimmt sind. Es würden also auch die Werkstätten, Direktionsgebäude u. dergl. nicht unter den § 153 fallen. Auch der Umfang des Polizeiverordnungsrechts zum Schutze des öffentlichen Verkehrs auf Grund des § 196 A. B. G. dürfte für die Entscheidung der vorliegenden Frage von Wert sein, jedoch wage ich keine positive Entscheidung zu geben, da das vorliegende Material zu gering ist.

Die Unterlassung der Zuziehung der beteiligten Bergwerksbesitzer vor Feststellung der den Anlagen zu gebenden

---

[1]) A. M. auch Westhoff S. 363 und die Entsch. des R. G. v. 4. 11. 96 Z. 37. 237 und v. 15. 2. 02. Z. 43. 364.

[2]) Seite 205 und Reichsgerichts-Entscheidung daselbst.

Richtung hat keine rechtliche Folgen, soweit Schädigungen in Frage kommen, welche verursacht sind durch nach Errichtung der Anlage vorgenommene Baue. Diese Unterlassung dürfte aber im allgemeinen bezüglich der Wirkung eines bereits in der Vergangenheit liegenden Bergwerksbetriebes auf die Anlagen hinreichen, um die subjektive Seite der Einrede des § 150 gegenüber dem Unternehmer der öffentlichen Verkehrsanstalt zu beweisen und wie oben gezeigt auch durchschnittlich dazu nötig sein.[1])

2. Objektive Voraussetzungen.

a) Technische Untersuchungen.[2])

Bei der Feststellung der objektiven Voraussetzungen der Einrede des § 150 wird der Richter im allgemeinen auf das Gutachten von Bergsachverständigen angewiesen sein. Nur hervorragend praktisch geschulte Männer werden im Stande sein, ein Urteil darüber abzugeben, ob zur Zeit der Errichtung der Gebäude eine Gefahr durch den Bergbaubetrieb erkennbar gedroht hat.

Es dürfte aber trotzdem auch für die rechtliche Betrachtung des Gegenstandes nicht unfruchtbar sein, auch in dieser rein juristischen Abhandlung in eine eigentlich mehr technische Untersuchung darüber einzutreten, welche Gesichtspunkte bei Prüfung der Frage, ob eine Gefahr durch Bergwerksbetrieb gedroht hat, zu berücksichtigen sind. Daß ich mich dabei auf die mir mehr bekannten und im allgemeinen regelmäßiger verlaufenden Erscheinungen beim Kohlenabbau, die in gleicher Weise wohl bei allen in Flötzen abgelagerten Mineralien auftreten dürften, beschränkt habe, wird die praktische Brauchbarkeit dieser Erörterungen vielleicht eher erhöhen, wie vermindern.

Art und Umfang der durch Einwirkungen des Bergbaues

---

[1]) Dahin dürfte die Behauptung bei Klostermann-Fürst S. 480 Anmerkung 4 richtig zu stellen sein, die auch von Brassert S. 254, Oppenhorst Nr. 869 und Arndt S. 163 geteilt wird.

[2]) Vgl. hierzu insbesondere: Kolbe, Translokationen der Deckgebirge durch Kohlenabbau. Essen 1903.

auftretenden Beschädigungen von Gebäuden und anderen Anlagen hängen einerseits in weitgehendem Maße ab von der Durchbildung des Grundrisses, von der Ausführung der Fundamente, sowie von der Beschaffenheit des Baugrundes, von Eigenschaften der verwandten Baumaterialien, von der Spannweite der Überwölbungen, Balken und eisernen Trägern; andererseits aber bleibt der Einfluß, den der Bergbau auf die Erdoberfläche durch die von ihm bewirkten Translokationen der Deckgebirge ausübt, die letzte bewegende Ursache für das Auftreten von Schäden überhaupt, die im allgemeinen durch bauliche Maßnahmen wohl gemildert, nicht aber ganz hintangehalten werden können.

Die durch den Bergbau geschaffenen Hohlräume werden durch das Nachbrechen des Hangenden wieder ausgefüllt. Das dauert kürzer oder länger, je nach der Gesteinsbeschaffenheit. Die untersten Schichten brechen dabei vollständig zusammen, die nächst höheren senken sich, wenn der Abbau eine entsprechende Ausdehnung hat, unter Zerreißung, wobei beide Schichten eine Volumenvermehrung durch ihre Auflockerung erleiden, die obersten — diluvialen oder sehr milden Karbonschichten — senken sich ohne Auflockerung und Volumenvermehrung. Je nach der Abbauteufe, der Beschaffenheit der hangenden Schichten und dem Verlaufe des Abbaues entstehen so drei verschiedene Arten der Einwirkung des Abbaues auf die Oberfläche:

»1) Reicht der Bruch bis unter das Diluvium, so sinken die losen Massen desselben in den Bruch hinein, es bildet sich ein Tagebruch.

2) Sind die Schichten unter dem Diluvium nicht verbrochen, aber stark aufgelockert und hierbei gerissen, so pflanzen sich diese Risse durch das Diluvium fort und es entstehen an der Oberfläche Bodenrisse.

3) Liegt das Diluvium auf Schichten, welche weder gebrochen noch stark aufgelockert sind, sondern sich nur gesetzt haben, so setzt sich das Diluvium in gleichem Maße ohne Volumenvermehrung und es bildet

sich an der Oberfläche eine Senkung ohne Zerstörung derselben«.[1])

Tagebrüche treten meist da auf, wo die Flötze steil einfallen und gleichzeitig das Steinkohlengebirge zu Tage ausgeht oder doch nur wenig überlagert ist. Sie kommen nur bei sehr geringen Teufen vor, sodaß sie heutzutage — wenigstens im Ruhrrevier — nur noch selten beobachtet werden. Eine vom Königlichen Oberbergamt Dortmund veröffentlichte Abhandlung[2]) kennt Tagebrüche bis zu einer Stärke des Mergels von 50 Metern. Erdrisse und Spalten sind nach derselben Quelle noch bei einer Mächtigkeit der Mergeldecke von 120 Metern zu beobachten gewesen. Bei einer Teufe von über 200 Metern scheinen sie nicht mehr aufzutreten. Bei größeren Teufen treten nur noch Senkungen der Tagesfläche auf und sind solche festgestellt worden bei Teufen bis zu 600 Metern, ohne daß man annehmen müßte, daß damit die Grenze der bergbaulichen Einwirkungen auf die Tagesfläche erreicht sei.

Über die Richtung, in welcher ein stattgefundener Abbau seine Wirkung auf die Oberfläche äußert und in welchem Gebietsumfange das geschieht, darüber sind die verschiedenartigsten Theorien durch eine ganze Reihe namhafter Bergtechniker aufgestellt worden, auf die näher einzugehen hier viel zu weit führen würde. Jedenfalls erfreut sich auch keine allgemeiner Anerkennung, da sich naturgemäß je nach der verschiedenen Gebirgsstruktur verschiedene Regeln ergeben und immer und überall Gebirgsstörungen, wie natürliche Hohlräume, Überschiebungen, Klüfte, Verwerfungen die schönsten Regeln über den Haufen werfen werden. Im allgemeinen wird man sagen können, daß neben der Mächtigkeit, dem Fall- und Streichwinkel der Flötze, sowie der Beschaffenheit und Lagerung der hangenden Schichten auch die von den Bergbautreibenden abhängenden Umstände des

---

[1]) Vgl. den Aufsatz von Wachsmann in der »Zeitschrift des Oberschlesischen Berg- und Hüttenmännischen Vereins« 1900.

[2]) In der »Zeitschrift für Berg-, Hütten- und Salinenwesen im preußischen Staate«. Jahrg. 1897.

Umfangs des Abbaues und des dabei angewandten Verfahrens eine Rolle spielen.

Zur Beurteilung des Vorhandenseins einer drohenden Gefahr ist ferner wichtig die Frage nach dem Beginn und der Dauer der Einwirkung des Abbaues auf die Erdoberfläche. Beides ist »abhängig von

1) der Teufe der abzubauenden Lagerstätte und von dem Druck der den abgebauten Raum überlagernden Deckgebirge, unter Berücksichtigung der verschiedenen Gebirgsstörungen,
2) der Mächtigkeit der Lagerstätten und der Neigung des Deckgebirges,
3) der Beschaffenheit und den krystallinischen Eigenschaften des Gebirges,
4) der Flächenausdehnung des geführten Abbaues,
5) dem Abbauverfahren unter besonderer Berücksichtigung, ob mit oder ohne Bergversatz abgebaut ist und der Raschheit, mit welcher der Abbau der Lagerstätten betrieben wird.«[1])

Die Dauer der Deckgebirgsbewegungen schwankt zwischen Monaten und Jahren. Für das rheinisch-westfälische Kohlenrevier fehlen ausreichende Beobachtungen, während für den Saarbrücker Bezirk nach den Schulz'schen »Untersuchungen über die Dimensionen der Sicherheitspfeiler für den Saarbrücker Steinkohlenbergbau und über den Bruchwinkel, unter welchem die Gebirgsschichten in die abgebauten Räume niedergehen«,[2]) anzunehmen ist, daß dort spätestens nach Ablauf von 10 Jahren keine Bewegungen der oberen Schichten mehr stattfinden, es sei denn, daß neuere Abbaue die vorhandenen Bewegungszustände der älteren verändern. In solchem Fall wird die Gesamtdauer der Bewegung höchstens 12 Jahre betragen.

Wichtig ist weiter noch die Art, wie die durch den Bergbau hervorgerufenen verschiedenartigen Beschädigungen

---

[1]) Kolbe, a. a. O. S. 30.
[2]) Z. f. d. Berg-, Hütten- und Salinenwesen. Jahrg. 1867.

der Tagesfläche ihrerseits nun wieder auf die aufstehenden Gebäude wirken. Kolbe[1]) stellt sie folgendermaßen zusammen:

»1) ein Gebäude sinkt ganz oder teilweise in einen Tagebruch hinein;

2) ein Gebäude steht ganz oder teilweise auf einer Bruchkante und ist plötzlichen und heftigen Zerrungen und Erschütterungen ausgesetzt;

3) ein Gebäude liegt im Abbaufelde und nimmt dann an den Erdzerrungen teil und wird

4) durch die angebauten Häuser gedrückt oder durch Bodenpressungen beschädigt;

5) ein Gebäude liegt im Abbaufelde und macht ruhig alle Senkungen in der Senkungsmulde mit, ohne große Beschädigungen zu zeigen, wobei es eine schräge Lage annehmen kann.«

b) Juristische Ergebnisse hieraus.

Der § 150 A. B. G. verlangt, daß die durch den Bergbau drohende Gefahr bei Errichtung des Gebäudes objektiv gedroht hat. Eine solche Feststellung ist selbst beim Abbau von Kohlen und anderen in Flötzen lagernden Mineralien schwierig, bei denen doch immerhin ein relativ regelmäßiger Verlauf des Abbaues und des Zubruchegehens zu erwarten ist, im Gegensatze zu den in Nestern oder Adern lagernden Erzen. Vorher bestimmen, wie ein konkreter Flötzabbau auf die Erdoberfläche wirken wird, wird selbst ein Fachmann kaum können, der über eine ganz genaue Kenntnis aller einschlägigen Flötz- und Gebirgsverhältnisse und des Betriebsplans verfügt. Es ist daraus zu entnehmen, daß der Richter schon bei der Feststellung der objektiven Erkennbarkeit drohender Gefahr durch den Bergbau außerordentlich vorsichtig sein muß und sich nicht damit begnügen darf zu konstatieren, daß das und das Gebäude durch den Abbau des Flötzes so und so beschädigt worden ist und daß dieses Flötz schon zur Zeit des Errichtens in

---

[1]) l. c. S. 68.

der Nähe des Bauplatzes in Angriff genommen war, oder daß seine Inangriffnahme unmittelbar bevorstand, daß also zu dieser Zeit schon an ein Beschädigen der Stelle des Gebäudes gedacht werden konnte. Er muß den Nachweis verlangen, daß nach der Beschaffenheit des Deckgebirges, nach dem Fallen und Streichen des Flötzes und vor allem nach dem früher in der gleichen Gegend beobachteten Bruchwinkel ein hoher Grad von Wahrscheinlichkeit dafür bestand, daß der Bruch sich gerade in der Richtung des Neubaues fortpflanzen werde.

Weiter hängt aber auch sowohl die Intensität wie die Dauer und die Richtung der Gebirgsbewegungen von dem eigenen Verhalten des Bergwerksbesitzers, nämlich von der Art seines Abbauverfahrens in hohem Grade ab. Er hält sich freilich im Rahmen seines Rechts, wenn er sich in seinem Verfahren gar nicht darum bekümmert, wie sein Bergbaubetrieb auf die Erdoberfläche wirkt, da ihm alles erlaubt ist, was er zur Gewinnung der ihm verliehenen Materialien für nötig hält. Seine einzige Beschränkung sind die Bestimmungen des § 196 A. B. G. Treffen diese nicht zu, so steht in der Regel selbst einem vorsätzlichen Zerstören eines Gebäudes nichts entgegen. Was den Bergwerksunternehmer an solch einem rigorosen Vorgehen hindert, ist lediglich sein eigenes Interesse, da er für die durch seinen Bergbau hervorgerufenen Beschädigungen der Tagesfläche aufkommen muß. Daher wird er unter einer öden Haide ganz anders abbauen, als unter einer mit zahlreichen Wohnhäusern besetzten Gegend. In ersterem Falle wird er sich keine Kosten machen, um die Gebirgsbewegungen abzuschwächen, im zweiten wird er durch Berg- oder Schlammversatz oder andere Mittel die Schädigungen tunlichst einzuschränken suchen. Wer sich nun im Wirkungsbereiche einer Grube anbaut, wird annehmen können, daß der Bergwerksbesitzer seinen Abbau r a t i o n e l l betreibt, daß er also z. B. in einem mit vielen Häusern bestandenen Feldesteil mit Bergversatz baut. Kann er dann »bei Anwendung gewöhnlicher Aufmerksamkeit« annenmen, daß bei solchem Bergwerksbetriebe seinem Gebäude keine Gefahr droht, dann wird sich der ohne Vorsichtsmaßregeln abbauende Grubenbesitzer ihm gegenüber nicht auf den § 150 berufen können, wenn zur Zeit der Errichtung auch zweifellos für den Fall irrationellen Abbaues eine Gefahr für das Gebäude drohte.

Je nach den Verhältnissen pflegen aber auch ganz verschiedene Arten von Beschädigungen an Häusern durch den Bergbau aufzutreten. Es gibt solche, die nur geringfügiger Natur sind, es gibt auch solche, die durch bauliche Maßnahmen, z. B. Verankerung, mit Leichtigkeit vermieden werden können.

Sind bloß letztere zu befürchten gewesen und befürchtet worden und ist danach mit Verankerung gebaut worden, oder ist besonders leicht, nur einstöckig und nur mit Fachwerk gebaut worden, in der berechtigten Hoffnung, dadurch etwa drohenden Schaden abzuwenden und tritt dann eine unerwartet heftige Gebirgsbewegung ein, so wird die Einrede des § 150 nicht begründet sein, da angenommen werden konnte, daß durch die Verankerung die drohende Gefahr abgewandt worden sei. Waren nach Lage der Sache blos geringfügige Beschädigungen zu fürchten, z. B. weil anzunehmen war, daß das Gebäude in die Mitte einer Senkungsmulde kommen und also nur unbedeutende, den Zusammenhang nicht sonderlich angreifende Gebäudespannungen erleiden werde, so konnte eine so geringfügige, drohende Gefahr mit Recht außer Acht gelassen werden § 150 findet nicht statt, wenn unerwarteter Weise dennoch erheblichere Beschädigungen auftreten sollten.

c) Das vermutliche Fortschreiten des Abbaues ist zu berücksichtigen.

In Übereinstimmung mit dem alten Recht des § 116b Teil II Tit. 16 A. L. R. ist auch für das heutige Recht zu sagen, daß es bei Beurteilung der Frage, ob eine Gefahr durch Bergbaubetrieb gedroht habe, nicht allein auf die bereits zur Zeit der Errichtung der Gebäude schon vollendeten Baue ankommt, sondern daß auch die nach der Sachlage vernünftiger Weise zu erwartende Erweiterung des zur Zeit schon betriebenen Bergbaues, die sich als naturgemäße Fortsetzung desselben darstellt, zu berücksichtigen ist.[1] Es genügt dabei freilich nicht der Nachweis der bloßen Möglichkeit einer bedrohlichen Ausdehnung des Bergbaues,[2] es muß vielmehr die Erweiterung des Bergbaues als eine »tatsächliche technische und wirtschaftliche Notwendigkeit«[3] erscheinen; dabei ist dann für den Nachweis, daß bei Unterstellung eines derartigen Fortschreitens eines Abbaues die schädigende Wirkung nach dem gewöhnlichen Laufe der Dinge mit Wahrscheinlichkeit zu erwarten gewesen wäre[4] eine ebenso genaue Begründung zu verlangen, wie dies oben für den Fall des Drohens einer Gefahr durch bereits bestehende Anlagen geschehen ist.

d) Es muß die Gefahr gedroht haben.

Der § 150 Absatz I setzt weiter voraus, daß bei Errichtung des Gebäudes diejenige Gefahr objektiv gedroht haben muß, welche nachher den Schaden auch wirklich herbeigeführt hat.[5] Die Einrede des § 150 kann also nicht vorgebracht werden, wenn z. B. der in Angriff genommene Abbau von unter dem Gebäude liegenden Flötzen letzteres gefährdete, die tatsächliche Schädigung nachher aber dadurch herbeigeführt wurde, daß seitwärts betriebener anderer Kohlenabbau das Mergelgebirge abtrocknete.[6] Ebenso wenig wenn wider die Erwartung ein anderes Flötz, wie das in

---

[1]) In diesem Sinne sind eine Reihe von Entsch. höchster Gerichte ergangen. Vgl. insbes. die Entsch. d. R. G. vom 21. 8. 83 bei D. I. S. 368; v. 4. 2. 85, Z. 27, 109; v. 11. 6. 87, Z. 29. 226; v. 24. 10. 88, Z. 30. 10; v. 14. 10. 91, T. 33, 226; v. 14. 11. 94, Z. 36, 338.

[2]) Vgl. Entsch. d. R. G. v. 4. 2. 85. Z. 27. 109; v. 11. 6. 87 Z. 29. 226; v. 24. 10. 88 Z. 30. 101.

[3]) O. L. G. Hamm v. 11. 3. 84, Z. 27, 257; v. 2. 12. 84. Z. 28. 503.

[4]) Entsch. d. R. G. v. 14. 11. 94; Z. 36, 338.

[5]) Entsch. d. R. G. v. 4. 4. 00; Z. 42. 105; v. 26. 4. 02, Z. 44, 245.

[6]) Entsch. d. R. G. v. 13. 7. 98; Z. 40, 78.

einer begründeten Warnung des Bergwerksbesitzers angegebene schädigt,[1]) oder wenn der Betrieb einer neuen Schachtanlage die schließliche Schadensursache wird, während das Grundstück vom alten Schacht aus bedroht erschien.[2])

e) Die Gefahr muß objektiv erkennbar gewesen sein.

Nicht genügend hervorgehoben wird von Westhoff, daß zu den objektiven Voraussetzungen der Einrede des § 150 Abs. 1 auch gehört, daß die drohende Gefahr objektiv erkennbar war. Das erscheint selbstverständlich, verdient aber doch eine besondere Erwähnung. Denn die sorgfältige Prüfung eines Gutachtens auf diese Frage hin wird den Richter häufig veranlassen, auf eine Beweiserhebung darüber zu verzichten, ob die drohende Gefahr für den Gebäudeerrichter subjektiv erkennbar war.

Von objektiver Erkennbarkeit wird man wohl dann niemals sprechen können, wenn die Gebirgsbewegungen, die zu der Beschädigung der Gebäude geführt haben, einen anormalen Verlauf zeigen, wenn sie z. B. durch Klüfte, durch Erdbeben, insbesondere aber auch durch den Betrieb eines anderen Bergwerks beeinflußt worden sind. Ebenso wird in den meisten Fällen die Erkennbarkeit drohender Gefahr, die durch die Ausdehnung eines Betriebes zu erwarten war, stark zu bezweifeln sein, wenn Verwerfungen oder andere Umstände zu einer Änderung des ursprünglichen Betriebsplans genötigt haben.

3. Subjektive Voraussetzungen.

a) Umfang des Kennenmüssens in tatsächlicher Beziehung.

Zur Begründung der subjektiven Seite der Einrede aus § 150 muß dem Grundeigentümer nachgewiesen werden, daß ihm die Tatsachen, aus welchen nach dem oben Ausgeführten eine dem Grundstück drohende Gefahr als objektiv erkennbar anzunehmen war, bekannt waren, oder daß sie

[1]) O. L. G. Hamm v. 26. 2. 89; Z. 30, 361.
[2]) Entsch. d. R. G. v. 11. 6. 87. Z. 29, 226.

ihm doch »bei gewöhnlicher Aufmerksamkeit« nicht hätten unbekannt bleiben können. Er muß also bei einer durch schon umgehenden Bergbau drohenden Gefahr gekannt haben oder haben kennen müssen, einerseits den Umstand, daß der Bergbau schon so weit vorgetrieben war,[1] andererseits, daß die Gebirgs- und Abbauverhältnisse derartige waren, daß eine Beschädigung der von ihm beabsichtigten Anlage mit Wahrscheinlichkeit zu befürchten war. Handelt es sich um Gefahren, die aus einer zukünftigen Ausdehnung des Bergwerksbetriebes zu befürchten waren, so muß bewiesen werden, daß der Grundeigentümer wußte oder wissen mußte, daß die nach der Sachlage vernünftiger Weise zu erwartende Erweiterung, die naturgemäße Fortsetzung des bereits betriebenen Abbaues mit Wahrscheinlichkeit bis in solche Feldesteile gelangen werde, daß nach den ihm bekannten Gebirgs- und Abbauverhältnissen damit für seine Gebäude eine Gefahr entstehen müßte. In beiden Fällen genügt nicht die Kenntnis oder zu vertretende Unkenntnis einer bloßen Möglichkeit einer Beschädigung durch den Bergbau.[2]

b) Begriff der gewöhnlichen Aufmerksamkeit.

Die in der Literatur sonst an dieser Stelle gebrachten Ausführungen darüber, ob es sich bei dem Außerachtlassen der »gewöhnlichen Aufmerksamkeit« um ein »grobes« oder ein »mäßiges« Versehen im Sinne des allgemeinen Landrechts handele, ist für uns nach unsern oben gebrachten Darlegungen erledigt, da wir überhaupt kein Versehen für vorliegend erachten. Es bleibt unseres Dafürhaltens für den Richter lediglich zu prüfen, ob nach dem schlichten Wortsinn die gewöhnliche Aufmerksamkeit bei Prüfung der Bausicherheit angewandt worden ist oder nicht. Dabei sind wir

---

[1]) Es ist nicht notwendig, daß der Bergbau schon unter das Grundstück gekommen und der Grundbesitzer das gewußt haben muß, da die Gebirgsbewegungen sich sehr selten senkrecht nach oben fortpflanzen. Unrichtig Westhoff S. 347.

[2]) Vgl. die Entsch. d. R. G. v. 14. 10. 91 D. I S. 212 f.; v. 2. 6. 94 u. 14. 11. 94 bei D. II S. 118 ff. u. S. 193 ff. u. d. O. L. G. Hamm v. 12. 1. 92 u. 20. 2. 94 bei Z. 33, 251 u. 35, 357.

freilich der Ansicht, daß die Differenz kaum eine praktische Bedeutung hat. Es ist freilich wahr, daß sowohl der Ausdruck »Versehen« (sei es nun ein »grobes« oder ein »mäßiges«) als auch das Wort »gewöhnliche Aufmerksamkeit« einen abstrakten Maßstab für die Beurteilung des Verhaltens des Grundbesitzers abgeben, aber im vorliegenden Falle würde uns eine noch so genaue Bestimmung dieses abstrakten Maßstabes sehr wenig nützen, da die eigentliche Schwierigkeit bei der Anwendung des gefundenen Begriffs auf die sehr verschiedenartig liegenden konkreten einzelnen Fälle sich ergibt. So sehen wir denn, daß die ziemlich zahlreichen Entscheidungen des Reichsgerichts, die zum § 150 ergangen sind, durchweg wenig oder gar keine Rücksicht auf die Definition des A. L. R. vom groben Versehen, als eines solchen, welches bei gewöhnlichen Fähigkeiten ohne Anstrengung der Aufmerksamkeit vermieden werden konnte, nehmen,[1] sondern mit einer sehr in das Detail gehenden Berücksichtigung der Umstände des einzelnen Falles bald von Versehen, bald von Verschulden, meistens aber von Außerachtlassen der gewöhnlichen Aufmerksamkeit sprechen. Daß bei einer Beurteilung, ob die erforderliche Aufmerksamkeit angewandt worden ist, auch auf individuelle Eigenschaften des Erbauers Rücksicht genommen werden muß, möchten wir auch mit Daubenspeck[2]) annehmen. Ein Bau- oder Bergsachverständiger wird aus ihm bekannt gewordenen einschlägigen Umständen ganz andere Schlüsse zu ziehen vermögen, als der gewöhnliche Mann aus dem Volke. Eine Anspannung seiner geistigen Fähigkeiten in dem Maße wie sie von einem jeden Manne im Verkehr zur Vermeidung von Schaden gefordert werden muß, würde ihn eher wie einen Nichtsachverständigen in den Stand gesetzt haben, sich eine Kenntnis von der durch den Bergbau drohenden Gefahr zu verschaffen.

---

[1]) Trotz der beiden ausführl. Entsch., bei D. I S 343 ff. u. 348 ff.
[2]) Haftpflicht S. 48 ff.

c) Die Judikatur zu dieser Frage.

Unter Berücksichtigung der Gesamtheit aller vorliegenden Umstände ist im konkreten Falle zu prüfen, ob die subjektiven Erfordernisse der Einrede des § 150 vorliegen. Es handelt sich hierbei eigentlich um eine rein tatsächliche Frage, so daß man von vornherein kaum erwarten konnte, daß wir in den Entscheidungen der höchsten Gerichtshöfe viel hierzu finden würden. Glücklicherweise ist aber sowohl das frühere Obertribunal wie auch das Reichsgericht nicht engherzig in dieser Hinsicht gewesen. Beide haben eine ganze Anzahl von Tatbeständen in Bezug auf ihre Begründung der Einrede des § 150 rechtlich gewürdigt. Ihre Urteile sind nicht immer von prinzipieller Bedeutung, aber dennoch wird eine nähere Besprechung nicht ohne Wert sein.

Wir wollen hier zunächst eine Zusammenstellung von Tatsachen geben, welche von den beiden höchsten Gerichtshöfen für dienlich erachtet worden sind, um einen Mangel der gewöhnlichen Aufmerksamkeit auf Seiten des Errichters der Gebäude nachzuweisen. Daß das beschädigte Grundstück in einem Bergwerksfelde liegt, wird im allgemeinen wenig Bedeutung für einen solchen Beweis haben, obwohl das Obertribunal schon diesen Umstand für erheblich hält. Bei einer solchen Auffassung wäre jedes Grundstück im Ruhrkohlenrevier der Bauunsicherheit verdächtig, da hier Feld an Feld grenzt. Nähe der Schachtanlage eines Bergwerks[1]) mag eher von Bedeutung sein, obwohl es nicht gerade sehr häufig sein wird, daß die hauptsächlich die Bergschäden verursachende Durchörterung der Flötze bereits in unmittelbarer Nähe des Schachtes beginnt. Liegt das Ausgehende eines Kohlenflötzes auf dem beschädigten Grundstück, so wird dieser Umstand häufiger geeignet sein, Bedenken bei dem Bauherrn zu erwecken. Ebenso wenn bereits Bergschäden auf dem Grundstück selbst oder in seiner unmittelbaren Nachbarschaft aufgetreten

[1]) Entsch. d. R. O. v. 20. 10. 1873 Z. S. 103.

sind. Denn wenn auch aus dem Fortpflanzen der Bodenbewegungen bis zur Erdoberfläche zu schließen ist, daß diese betreffende Bewegung damit beendet ist, so ist doch klar, daß das Abbauen von weiteren Flötzen in der Bruchwinkelzone das bereits aufgelockerte Gebirge aller Wahrscheinlichkeit nach in derselben Richtung wieder in Bewegung setzen wird. Ein Warnungszeichen für den Grundeigentümer ist es weiter, wenn sein Nachbar sich zur Verankerung seines Gebäudes veranlaßt gesehen hat. Hat dagegen der Erbauer des beschädigten Hauses selbst mit Verankerung gebaut, so wird damit nicht immer angenommen werden können, daß er über eine positive Kenntnis der von dem Bergbau drohenden Gefahr — wenigstens in dem nachher eingetretenen Umfange — verfügte, sehr häufig kann er vielmehr nach Maßgabe der ihm bekannt gewordenen Umstände anzunehmen berechtigt gewesen sein, er werde durch diese Maßregel eine etwa drohende Gefahr aufheben.[1]) Ist die objektive Erkennbarkeit der Grundstücksgefährdung zweifelsfrei nachgewiesen, so wird die subjektive Erkennbarkeit für den Beschädigten häufig schon aus dessen besonderen bergtechnischen Kenntnissen, vor allem aber auch aus seiner speziellen Wissenschaft der einschlägigen Gebirgs- und Abbauverhältnisse entnommen werden können. Auch das Nichteinziehen von Erkundigungen vor Errichtung einer Anlage kann zur Begründung des Einwands aus § 150 geeignet sein, namentlich wenn es sich um eine besonders große und besonders wichtige Anlage handelt.[2])

Liegt nur einer der oben angeführten Tatumstände vor, so ist im allgemeinen von den Gerichtshöfen dieses als nicht genügend für den Beweis erachtet worden und auch davon, welche Momente zusammentreffen müssen, um diesen Nachweis zu liefern, läßt sich auf Grund der Rechtsprechung keine erschöpfende Darstellung geben, da konkrete Umstände die einzelnen Entscheidungen zu stark beein-

[1]) S. oben S.

[2]) Daubenspeck, Haftpflicht S. 49.

flussen. So kommen die Entscheidungen des Reichsgerichts vom 24. 10. 1888[1]) und vom 2. 6. 1894[2]) zu einem ganz verschiedenen Resultat, obwohl dieselben tatsächlichen Momente bei beiden vorhanden sind.

In einigen Fällen ist der alleinige Umstand, daß der Bergwerksbesitzer vor Errichtung des Hauses eine Warnung an den Erbauer erlassen hat, für hinreichend zum Beweise der Einrede des § 150 erklärt worden.[3]) Es muß sich freilich um eine begründete Warnung handeln, d. h. es muß die speziell drohende Gefahr unter Berücksichtigung der konkreten Verhältnisse möglichst bestimmt bezeichnet und begründet werden. Namentlich wird im allgemeinen verlangt werden müssen, daß das Flötz, durch dessen Abbau die Gefahr drohen soll, bestimmt bezeichnet wird und daß überhaupt in der Warnung eine genaue Darlegung der geognostischen und der Abbauverhältnisse enthalten ist. Ein in allgemeinen Wendungen gehaltener Hinweis auf die Möglichkeit einer Gefährdung durch Bergbau genügt nicht, um für den Grundeigentümer eine Pflicht zu begründen, besondere Erkundigungen über die Bausicherheit seines Grundstücks einzuziehen, da ein Mißtrauen in die Loyalität der Warnung des Grundbesitzers, bei dessen Interesse an der Verhinderung des Baues nicht unbegründet erscheint. Überhaupt ist vollständig von der Hand zu weisen, daß für den vorsichtigen Mann von vornherein irgend eine Verpflichtung bestehe, sich über die Bebauungsfähigkeit seines Grundstücks bei dem in Betracht kommenden Bergwerksbesitzer zu erkundigen. Das würde uns zu den mit Grund verlassenen Prinzipien des älteren preußischen Rechts zurückführen, wonach der Grundbesitzer sich regelmäßig die zu benutzende Baustelle anweisen lassen sollte.

In der Rechtsprechung finden sich andererseits auch eine ganze Anzahl von Tatsachen erörtert, die geeignet

[1]) Z. 30, 101 u. 35, 373.
[2]) D. II. S. 208.
[3]) Vgl. Entsch. d. R. G. v. 21. 2. 1883 bei D. I. 368 S. u. v. 4. 4. 00. Z. 42. 05.

sind, bei Vorliegen der objektiven Erfordernisse des Einwands aus § 150 den Nachweis zu liefern, daß er subjektiv unbegründet ist. Schon allein der Umstand, daß der Schaden erst nach einer Reihe von Jahren seit Errichtung des Gebäudes eingetreten ist, wird häufig genügen, um es für ausgeschlossen erscheinen zu lassen, daß der Erbauer den Schaden schon zur Zeit der Errichtung befürchten konnte. Die besondere Stellung, welche den Eisenbahnen und anderen öffentlichen Verkehrsanstalten durch die §§ 153 ff. des A. B. G. gegeben ist, gibt weiter dem Grundeigentümer eine Berechtigung, sich auf die Wirkung der dem Bergwerkstreibenden gesetzlich obliegenden Sicherungsanlagen zu verlassen, wenn er annehmen kann, daß er sich noch innerhalb des Bereiches dieser Anlagen befindet. Ebenso kann er sich auch verlassen auf Sicherheitsanlagen, die der Bergwerksbesitzer aus freien Stücken oder auch kraft einer ihm vertraglich einem Dritten gegenüber obliegenden Verpflichtung gemacht hat oder doch bei vernünftigem Betrieb seines Bergwerks — z. B. bei Abbau unter dichtbebautem Terrain — hätte machen müssen. Das Unterlassen einer Warnung durch den Bergbautreibenden wird im allgemeinen nicht ausreichen, um den Grundbesitzer zu entschuldigen, da für ersteren absolut keine Verpflichtung besteht, sich um die Art der Benutzung des Grundstücks durch seinen Eigentümer zu bekümmern und diesen auf zu erwartende Beschädigungen aufmerksam zu machen. Wohl aber wird der Nachweis der subjektiven Erfordernisse des § 150 dem Bergwerksbesitzer schwer fallen, wenn er selbst erklärt hat, daß ein Bau an der betreffenden Stelle ohne Gefahr geschehen könne.[1]) Eine solche Erklärung kann entweder ausdrücklich erfolgt sein oder auch sich aus schlüssigen Handlungen ergeben. Eine solche kann darin gefunden werden, daß der Bergwerksbesitzer sich weigert, eine Entschädigung für Entziehung der Bauplatzqualität zu bezahlen,[2]) denn damit gibt

[1]) Entsch. d. R. G. v. 17. 4. 89 bei D. I 206.

[2]) Entsch. d. R. G. v. 14. 11. 94; Z. 36, 338 u. v. 26. 4. 02 Z. 44, 244.

er zu erkennen, daß er das Grundstück für nicht gefährdet erachte. Seine Haltung ist geeignet, etwaige Bedenken des Grundeigentümers, die ihm aus anderen Ursachen gekommen sein mögen, zu zerstreuen. Erst den Verlust eines Prozesses auf Auszahlung der Entschädigungssumme abzuwarten, kann ihm nicht zugemutet werden. Auch die Vornahme einer Verankerung an dem Gebäude oder die Auszahlung des dazu notwendigen Betrages durch den Bergwerkseigentümer kann eine solche schlüssige Handlung darstellen. Von seiten der Bergwerkseigentümer wird die Vornahme einer solchen Verankerung zu Unrecht häufig umgekehrt gerade zum Nachweis einer Unachtsamkeit des Grundeigentümers verwertet. Wenn wir indessen schon oben auseinandergesetzt haben, daß sogar das Verankern durch den Erbauer selbst für den Regelfall dessen Unachtsamkeit nicht beweisen kann, so wird die Vornahme durch den Bergwerksbesitzer erst recht nicht dazu geeignet sein. Wenn dieser dabei keine weitere Warnung ausspricht, so kann der Grundbesitzer daraus entnehmen, daß auch von seiten des ersteren durch die Verankerung die vom Bergbaubetrieb drohende Gefahr für aufgehoben erachtet werde.[1]) Er braucht nicht besorgter für die Interessen des Bergbaues zu sein, als der Bergwerksbesitzer selbst.

d) Die Person, in der diese Voraussetzungen erfüllt sein müssen.

Die oben dargestellten subjektiven Voraussetzungen müssen in der Person des Grundbesitzers zutreffen. Selbstverständlich ist aber auch die verschuldete Unkenntnis des gesetzlichen Vertreters, z. B. des Vormunds zu vertreten. Bei einer juristischen Person ist ebenso die Kenntnis des die juristische Person rechtlich repräsentierenden gesetzlichen Vertreters entscheidend, bei einer Aktiengesellschaft also das Wissen oder Wissenmüssen des Vorstandes. Daneben ist aber auch von dem Grundeigentümer die Unachtsamkeit

[1]) Vgl. Westhoff S. 356 und Entsch. d. R. G. v. 13. 12. 99; Z. 41. 219.

derjenigen Personen zu vertreten, deren er sich als Gehülfen bei der Errichtung der Anlage bedient.[1])

Auf der Grundlage einer Entscheidung des Reichsgerichts[2]) ist die Ansicht zur herrschenden geworden, daß der Einwand aus § 150 Absatz 1 auch dem Rechtsnachfolger desjenigen gegenüber begründet sei, der bei Errichtung des fraglichen Gebäudes gegen die gewöhnliche Aufmerksamkeit verstieß, ohne daß auf seiner Seite ein gleiches Außerachtlassen der Aufmerksamkeit vorliegen müsse.[3]) Ich vermag die herrschende Meinung nicht als die richtige anzuerkennen und halte insbesondere die Ausführungen des Reichsgerichts, auf denen die Literatur fußt, für verfehlt. Für sie spricht allerdings der auf den ersten Blick leicht irreführende Wortlaut des § 150. Es bleibt aber zu bedenken, daß wie das Reichsgericht selbst hervorhebt, unbestrittenermaßen der ganzen Regelung der Lehre vom Bergschaden das Prinzip zu Grunde liegt, daß die aus dem § 148 A. B. G. entspringende gesetzliche Obligation aktiv und passiv einen persönlichen Charakter an sich trägt.[4]) Weiter wird von dem Reichsgericht auch nicht bestritten, daß kein von dem Erbauer des Hauses abgeleiteter, sondern ein dem zeitigen Besitzer mit der Beschädigung des Grundstücks persönlich erwachsener Anspruch in Frage komme und die von Klostermann versuchte Konstrustion einer Legalservitut zur Duldung künftiger Beschädigung abgewiesen. Die Begründung, mit der das Reichsgericht dann schließlich doch zum Resultat kommt, daß § 150 anwendbar sei, kann nicht überzeugen. Im § 148 soll der Gesetzgeber danach »von der Person, deren Handlung die Beschädigung verursacht hat, gänzlich absehen und so das Bergwerk gewissermaßen als das be-

---

[1]) Vgl. Westhoff S. 357.

[2]) Bei D. II. S. 210 ff.

[3]) Vgl. Brassert S. 414; Klostermann S. 472; Westhoff S. 357 ff. Auch Daubenspeck, der in seinem »Bergschaden« S. 84 ursprünglich eine abweichende Meinung vertrat, hat sich widerrufen in der Note zu der zit. Entsch. (S. 186). Vgl. weiter auch O. L. G. Hamm v. 31. 1. 99 bei Z. 40. 359. Die nach meiner Meinung richtige Ansicht des O. L. L. Dortmund v. 17. 2. 83 bei Z. 27, 92.

[4]) R. G. bei D. II. 183.

schädigende Subjekt hinstellen«. Eine solche Regelung soll von ihm angeblich »an die frühere Gesetzgebung anschließend« (welche? an das A. L. R. gewiß nicht) und »deutschrechtlichen Anschauungen folgend« (wo sollen dieselben sich dokumentiert haben?) getroffen sein. Gegenüber diesen Ausführungen vermag ich nicht einzusehen, worin der Unterschied zwischen dieser Personifikation des Bergwerks und dem vom Reichsgericht ausdrücklich abgelehnten passiv dinglichen Charakter des Bergschadensanspruchs bestehen soll. Wenn weiter das Reichsgericht aber erst an die Spitze seiner Ausführungen den Satz gestellt hat, der Bergschädenanspruch sei auch aktiv nicht dinglich, so wird hinterher dann doch wieder der aktiv dingliche Charakter unterstellt bei folgenden Sätzen:

»Der Gesetzgeber stellt hier (in § 150), indem er zwischen dem Verschulden des Klägers und dem seines Rechtsvorgängers nicht unterscheidet, sondern ganz allgemein von dem Verschulden des Grundbesitzers spricht, dem Bergwerk das Grundstück gewissermaßen als Person gegenüber; die ganze Reihe der Grundbesitzer wird von ihm wie eine Person behandelt«. Offenbar wird de facto in diesen Ausführungen, um vermeintlichen Billigkeitserwägungen zum Siege zu verhelfen, in gewissen Fällen dem Bergschadensanspruch ein dinglicher Charakter beigemessen, während er grundsätzlich geleugnet wird. Das ist nicht angängig. Daß aber das Reichsgericht es überhaupt für nötig gehalten hat, diese unseres Erachtens verfehlte Begründung zu geben, läßt mehr wie alles andere deutlich erkennen, daß die bloß auf den Wortlaut sich stützende Auslegung der herrschenden Meinung nicht haltbar ist. Denn was sonst noch zur Begründung angeführt wird, die Gründe, auf die sich Westhoff,[1] abgesehen vom Wortlaut, auch allein zurückzieht, ist erst recht nicht durchschlagend.

Die Auffassung der herrschenden Meinung soll »allein denjenigen gesetzgeberischen Zwecken entsprechen, die

[1] S. 358.

der Gesetzgeber mit den §§ 148 ff. hat verfolgen wollen und die dahin gehen, daß einerseits den gerechten Ansprüchen des Grundeigentums vollständig Genüge geleistet, andererseits der Bergbau nicht durch Verpflichtungen belastet werden soll, welche über diese Rücksicht auch noch hinausgehen«. Das Reichsgericht hebt in seiner Entscheidung weiter noch die Worte der Motive[1]) hervor, daß einesteils der Grundbesitzer in der vollen Ausführung seines Rechtes nicht gehindert, andererseits aber auch der Bergbau nicht der unbeschränkten Willkür des Grundbesitzers preisgegeben werden dürfe«, und erwähnt schließlich, daß man unter Vermeidung aller Ausnahmebestimmungen bei Einfügung des § 150 auf die allgemeine Rechtsregel von der Kulpakompensation des § 20 Teil I Tit. 6 A. L. R. habe zurückgehen wollen.[2])

Auf Grund dieses in den Motiven ausgedrückten Willens des Gesetzgebers kommt das Reichsgericht zu folgenden Sätzen:[3])

Es »erhellt aus den gesetzgeberischen Vorarbeiten, daß das Gesetz diesen Anspruch (sc. Entschädigungsanspruch des Grundbesitzers) da hat beschränken wollen, wo er zu Härten gegen den Bergwerksbesitzer führen würde. Namentlich hat das Gesetz vermeiden wollen, daß der Bergbautreibende der Willkür des Grundbesitzers preisgegeben werde. Diesem Zwecke des Gesetzes würde es nicht entsprechen, wenn es einem Grundbesitzer, der unter Nichtbeachtung der durch den Bergbau drohenden Gefahr gebaut hat und der sich deshalb, wenn die Beschädigung während seiner Besitzzeit eingetreten wäre, den Einwand des eigenen Verschuldens entgegensetzen lassen müßte, freistehen sollte, durch Veräußerung des Grundstücks dem Bergwerksbesitzer den Einwand zu entziehen und ihm zu Gunsten eines Dritten die Entschädigungspflicht aufzubürden.«

---

[1]) Z. 6. 172.

[2]) Das spricht doch eigentlich gegen die Ansicht des Reichsgerichts, da bei der Kulpakompensation doch sicher nur Verschulden in der Person des Beschädigten in Frage kommt.

[3]) Die auch von Westhoff l. c. dem Sinne nach reproduziert werden.

Diese Erwägungen vermögen uns nicht von unserer Auffassung der Frage abzubringen. Es erscheint uns einerseits höchst bedenklich, aus ganz allgemein gehaltenen Ausführungen der Motive zum A. B. G., die nicht einmal rechtlicher Natur sind, sondern lediglich eine Abwägung der Interessen von Grundbesitzer und Bergwerkstreibenden nach wirtschaftlichen Gesichtspunkten geben, eine den Grundprinzipien der Regelung des Bergschadensanspruches widersprechende Auslegung des § 150 herzuleiten. Andererseits kann auch durchaus nicht anerkannt werden, daß selbst vom Standpunkt der Billigkeit die herrschende Ansicht den Vorzug verdiente. In der vorliegenden Frage sind nicht allein die Interessen des Bergwerksbesitzers zu berücksichtigen, dem es allerdings schmerzlich sein mag, nicht durch den Einwand des § 150 von seiner Entschädigungsverbindlichkeit los zu kommen, sondern auch die des regelmäßig wohl wirtschaftlich schwächeren neuen Erwerbers des Grundstücks. Wohin soll das führen, wenn der Käufer eines Hauses immer genötigt sein sollte, sich vorher zu vergewissern, ob das Haus nicht zu einer Zeit errichtet worden ist, wo seinem Auktor die durch den Bergwerksbetrieb drohende Gefahr nicht unbekannt bleiben konnte? Das ist undurchführbar, zumal da für den Bergwerksbetreibenden keinerlei Verpflichtung zu einer Beantwortung eventueller diesbezüglicher Anfragen zu konstruieren ist.

Demgegenüber ist es für den Rechtsnachfolger nur ein geringer Trost, wenn ihn Westhoff[1]) auf die Gewährleistungspflicht des Verkäufers wegen Mängel im Recht verweist. Denn einmal trifft das nur für einzelne Fälle der Rechtsnachfolge zu und dann ist die ganze Konstruktion Westhoff's nicht zweifelsfrei. Zwar kann ihm wohl zugegeben werden, daß unter Rechten im Sinne des § 434 B. G. B. auch persönliche Rechte zu verstehen sind,[2]) indessen auf

[1]) S. 358 ff.

[2]) Vgl. Planck Anm. zu § 474; Oertmann Anm. 1 zu § 474; Kipp-Windscheid S. 634 Anm. 1.

Grund eines Satzes in einer reichsgerichtlichen Entscheidung[1]) so zu konstruieren, daß »dem Bergwerksbesitzer, wenn Gebäude bei Kenntnis drohender Gefahr auf dem Grundstücke errichtet werden, ein Recht gegenüber dem Grundstückseigentum dahin zustehe, die betreffenden Gebäude beschädigen zu dürfen, ohne dafür schadensersatzpflichtig zu werden«,[2]) scheint ebenso bedenklich, wie eine andere Behauptung des Reichsgerichts: »Auf das Fortbestehen derartiger Anlagen hat der Grundeigentümer dem Bergwerksbesitzer gegenüber ein Recht nur so lange, bis sie durch den Bergbau, sei es zufällig, sei es absichtlich, zerstört werden«. Letzteres ist unrichtig, denn das Recht des Grundbesitzers, auf seinem Grund Anlagen zu unterhalten, ist überhaupt nicht tangiert[3]) und der Westhoff'schen Konstruktion ist entgegen zu halten, daß der Bergwerksbesitzer auch ohne Vorliegen der Voraussetzungen des § 150 A. B. G. das Recht hat, die Anlage des Grundeigentümers zu beschädigen und daß es fraglich erscheint, ob der Wegfall der Entschädigungspflicht dieses Recht in seinem Inhalt so ändert, daß von einer Gewährleistungspflicht des Verkäufers geredet werden kann. Ich möchte dies, weil eine genaue Untersuchung zu weit führen würde, nicht ohne weiteres entscheiden; jedenfalls ist aber der Anspruch des Rechtsnachfolgers ein sehr unsicherer.

Für den hier vertretenen Standpunkt bedarf es keiner Ausführung darüber, daß die Kenntnis des Vorbesitzers von der drohenden Gefahr, wenn er das Grundstück unbebaut an einen anderen verkauft hat und dieser nunmehr in entschuldbarer Unkenntnis der Gefahr baut, nicht in Betracht kommt.[4])

Wird das Gebäude nicht vom Eigentümer errichtet, son-

---

[1]) Bei D. I S. 293.

[2]) Dann würde freilich Westhoff auch mit seiner auf S. 364 gegebenen Ansicht im Recht sein, daß die negative Feststellungsklage auch betreffs zukünftig möglicher Beschädigungen auf Feststellen des Bestehens der Einrede des § 150 A. B. G. gerichtet werden können, vgl. hierzu weiter unten auf S.

[3]) Die ganzeKonstruktion erinnert bedenklich an die Klostermann'sche Legalservitut.

[4]) Vgl. Entsch. d. R. G. vom 22. 4. 96 bei D. II. 187.

dern mit seiner Genehmigung von einem Dritten, der nicht gesetzlicher Vertreter oder Gehülfe ist, so sind mehrere Fälle zu unterscheiden.

Ist die Errichtung auf Grund eines dinglichen Rechts geschehen, so wird regelmäßig der § 150 A. B. G. schon deshalb nicht in Frage kommen, weil das Gebäude nicht Bestandteil des Grundstücks geworden ist, auf dem es errichtet wurde und für ein solches auch der Schutz des § 148 A. B. G. überhaupt nicht gilt. Mit Rücksicht auf § 1017 B. G. B. in Verbindung mit Art. 4 des E. G. z. B. G. B. ist für das auf Grund eines in dieser Hinsicht dem Grundeigentum gleichgestellten Erbbaurechts [1]) errichtete Gebäude, das einen selbständigen Schutz, gerade wie die Grundstücke genießt, eine Ausnahme anzunehmen, ebenso bezgl. der Anlagen, die auf Grund einer Grunddienstbarkeit gemacht sind, da diese gemäß § 96 B. G. B. als Bestandteil des herrschenden Grundstücks gelten. Da hier der § 148 A. B. G. anwendbar ist, hat auch § 150 statt. Dabei wird es trotz des Wortlautes, der vom Grundbesitzer spricht, lediglich auf die Aufmerksamkeit des Errichters ankommen. [2])

Ist die Errichtung dagegen nicht auf Grund eines dinglichen Rechts geschehen, so ist das Gebäude Grundstücksbestandteil geworden, [3]) der Eigentümer des Grundstücks ist demnach auch Eigentümer des Gebäudes, ihm allein steht also der Anspruch aus § 148 zu. Aus seiner Person allein kann auch der Einwand hergeleitet werden, daß er bei gewöhnlicher Aufmerksamkeit die drohende Gefahr hätte erkennen müssen.

Anders freilich, wenn der unvorsichtige Erbauer später selbst Eigentümer des Grundstücks wird, etwa, wenn der Käufer ein Grundstück bebaut, ehe es ihm vom Grundeigentümer aufgelassen worden ist, und während der Zeit

---

[1]) Vergl. Turnau-Förster und Planck Anm. 1 zu § 1017 B. G. B.; Westhoff S. 72.

[2]) Westhoff schweigt darüber.

[3]) § 94 B. G. B. Bei nur zu vorübergehenden Zwecken errichteten Gebäuden, die gemäß § 95 nicht Grundstückbestandteil geworden sind, trifft § 148 A. B. G. nicht zu.

seines Eigentums eine Beschädigung des Gebäudes eintritt. Nach Westhoff soll es dabei »lediglich auf den guten Glauben des Grundeigentümers« ankommen.[1])

Er setzt sich dabei, auf den Wortlaut gestützt, in Widerspruch mit einer Entscheidung des Reichsgerichts,[2]) die die Person des Erbauers für maßgebend hält. Letztere Ansicht erscheint mir als die richtige. Entscheidend ist natürlich das Kennen oder Kennenmüssen zur Zeit des Erbauens, spätere Kenntnis oder Unachtsamkeit schadet nicht. Aber im Einklang mit unserer, schon oben entwickelten Auffassung, muß ich bestreiten, daß nach dem Wortlaut nur der Grundbesitzer zur Zeit der Gebäudeerrichtung in Frage kommen könne. Dem persönlichen Anspruch aus § 143 A. B. G. wird eine aus der Person des den Anspruch Erhebenden entnommene Einrede entgegengesetzt. Die Unvorsichtigkeit, die seinen Anspruch zerstört, bestand darin, daß er das Gebäude trotz Kenntnis bestehender Gefahr errichtete, sie wird in ihrem Wesen nicht dadurch berührt, daß er zur Zeit der Begehung dieser Unvorsichtigkeit noch nicht Eigentümer des Grund und Bodens war.[3])

V. Anwendbarkeit des § 150 Absatz 1 für den Fall der Enteignung.

Nach der allgemein vertretenen Lehre findet der § 150 Abs. 1 auch für den Fall der Enteignung eines Grundstücks Anwendung. Das erscheint selbstverständlich, bedarf aber bezgl. des Falles einer Enteignung auf Grund der §§ 135 ff. des A. B. G. einer näheren Betrachtung, da mir hier die herrschende Ansicht, die auf einer Entscheidung des Reichsgerichts beruht,[4]) zu irren scheint. Es handelt sich bei der fraglichen Entscheidung um folgenden Tatbestand.[5])

---

[1]) sc. des früheren S. 359.

[2]) v. 5. 1. 98. Z. 39, 221.

[3]) Natürlich handelt es hier um jemanden, der von Anfang an für sich selbst, nicht etwa als Unternehmer eines fremden Baues auf fremdem Grund und Boden Gebäude errichtet hatte.

[4]) Vom 7. 5. 1890 bei D. I S. 191.

[5]) Vergl. Westhoff S. 361.

Eine Privateisenbahn ist zu einer Zeit errichtet worden, als bereits die derselben durch den Braunkohlenbergbau drohende Gefahr erkennbar war. Als das betreffende Grundstück zum Zwecke des Zubruchebauens enteignet wurde, verlangte der Grundbesitzer auch eine Entschädigung für die Eisenbahn. Das Reichsgericht lehnt diesen Anspruch ab.

Es geht dabei davon aus, daß nach Entscheidungen der zuständigen Minister aus den Jahren 1880/1882 und nach einem Urteil des Reichsgerichts vom 7. 11. 1885[1]) das planmäßige Zubruchebauen der Erdoberfläche eine Benutzung der Zubruche gebauten Grundstücke darstelle und daß wenn zu dieser Benutzung in Gemäßheit der §§ 135 ff. A. B. G. eine Enteignung stattfinde, grundsätzlich auch für die auf dem Grundstücke befindlichen Anlagen Entschädigung geleistet werden müsse. Es fährt dann aber fort: »Ihrem Begriffe, als einem unter besonderen Umständen gegen Entschädigung gestatteten Eingriffe in fremde Rechte entsprechend, ist ein Fall der Enteignung nicht gegeben, wo ein solcher Eingriff nicht stattfindet, und das ist nicht der Fall, wenn sich auf dem enteigneten Grundstück, das nur zum Zwecke der Zerstörung seiner Oberfläche erworben wird, und zu anderen Zwecken auch von dem enteignenden Bergwerksbesitzer nicht benutzt werden darf, (vgl. Brassert A. B. G. Note 8 zu § 135), solche Anlagen befinden, welche zu beschädigen oder zu zerstören der Bergwerksbesitzer ohnehin und ohne dadurch in fremde Rechte einzugreifen, befugt sein würde. Anlagen aber, von denen der Grundeigentümer zur Zeit ihrer Errichtung wußte oder wissen mußte, daß sie durch den Bergbau gefährdet seien, zerstört der Bergwerksbesitzer kraft des bei der Kollision der beiderseitigen Rechte für diesen Fall vom Gesetze anerkannten Rechtes der Prävention; er kann somit nicht angehalten werden, diese Anlagen zum Zwecke der Zerstörung zuvor gegen Entschädigung zu erwerben. Auf das Fortbestehen

---

[1]) Bei D. I S. 196 ff.

derartiger Anlagen hat der Grundeigentümer dem Bergwerksbesitzer gegenüber ein Recht nur solange, bis sie durch den Bergbau, sei es zufällig, sei es absichtlich, zerstört werden; tritt dieser Fall ein, so fehlt dem Entschädigungsanspruch des Grundeigentümers das Objekt und daran kann durch die notwendig gewordene Abtretung der Anlage mit dem Grund und Boden, auf welchem sie hergestellt ist, nichts geändert werden.«

Während die übrigen bergrechtlichen Schriftsteller diese reichsgerichtliche Auffassung ohne weiteres adoptieren, ist Westhoff, der die ganzen Bergschädenfragen am erschöpfendsten und gründlichsten in seinem Bergbau und Grundbesitz behandelt hat, nicht ohne Bedenken.[1] Er hält die Entscheidung wenigstens für unrichtig begründet. Er ist der Ansicht, daß zur vollen Entschädigung auch das Entgelt für den Wert der Eisenbahn gehört hätte, »natürlich unter Berücksichtigung des ihren Wert herunterdrückenden Umstandes, daß im Falle der voraussichtlichen Beschädigung des Grundstückes für die Anlage eine Entschädigung vom Bergwerksbesitzer nicht gefordert werden konnte. Dabei möchte sich in casu der Wert der Eisenbahn gleich Null stellen, so daß materiell die richtig begründete Entscheidung vielleicht auf dasselbe Resultat herausgekommen wäre, wie die jetzt vorliegende«.

Das Urteil ist aber nicht nur unrichtig begründet, sondern auch materiell unrichtig. Zunächst kann von einer Zerstörung auf Grund eines Rechtes der Prävention, das auch sonst nirgendwo im Bergrecht gilt, hier gar nicht die Rede sein, da die zur Zerstörung der Anlage führende Benutzung der Oberfläche offenbar erst nach Errichtung der Anlage stattgefunden haben kann. Dann trifft aber auch ferner die Behauptung nicht zu, daß bei Anlagen, die unter den Voraussetzungen des § 150 A. B. G. errichtet worden sind, dem Grundeigentümer nur so lange ein Recht auf das Fortbestehen der Anlage dem Berg-

[1]) S. 362.

werksbesitzer gegenüber zustehe als sie nicht durch den Bergbau zerstört seien. Diese Behauptung irrt jedenfalls ganz vom Thema ab. Es handelt sich nicht um die Entschädigung für das Recht, eine Anlage zu haben, das mit dem Grundeigentum zusammenfällt, sondern um die Entschädigung für die Anlage selbst. Deren Wert wird allerdings durch die Möglichkeit, daß sie in Folge eines Bergwerksbetriebes beschädigt oder zerstört werden kann, wesentlich beeinflußt. Aber nicht derartig, daß er wie Westhoff meint, in casu gleich Null sich stellen könnte. Für seine Bemessung ist entscheidend der Zeitpunkt der Enteignung, ohne Rücksicht auf erst durch die Benutzung — deren Zulässigkeit ja erst durch die Enteignung erreicht werden soll — eintretende Schädigungen. Abgezogen werden muß lediglich der Betrag, der als Wertminderung wegen zu befürchtender Beschädigungen im gewöhnlichen Bergwerksbetrieb, der nur in ganz seltenen Fällen zur vollständigen Zerstörung führen wird, anzusetzen ist. Dieser Betrag wird aber schon bei Berechnung des gemeinen Werts in Ansatz zu bringen sein. Auch der aus anderen Gründen enteignende Fiskus z. B. wird, wenn er das Vorliegen des Tatbestandes aus § 150 kennt, bei Bemessung der Entschädigung sich auf diesen wertmindernden Umstand berufen können.

Reichsgericht wie Westhoff übersehen, daß planmäßiges, überhaupt nur bei vorheriger Enteignung des Grundstücks zugelassenes Zubruchebauen eben etwas wesentlich anderes ist, als ein als zufällige Folge des Bergbaues eintretendes Zubruchegehen der Erdoberfläche.[1]) Wenn die Begründung der Reichsgerichtsentscheidung richtig wäre, dann würde konsequent bei jeder auf Grund der §§ 135 ff. erfolgenden Enteignung eines Grundstückes mit einem unter den Verhältnissen des § 150 Absatz 1 erbauten Hause — z. B. zum Zwecke der Errichtung einer Kohlenseparation — die Entschädigungspflicht für das Gebäude abgelehnt werden

[1]) Vgl. hierzu die Entsch. d. R. G. v. 7. 11. 85 und 4. 5. 87 bei D. I. S. 196 ff. und 198 ff.

müssen. Denn auch hier könnte mit demselben Recht behauptet werden, daß der Grundeigentümer dem Bergwerksbesitzer gegenüber ein Recht auf das Fortbestehen des Hauses nur solange habe, bis es durch den Bergbau zerstört worden sei — und ebenso könnte mit demselben Recht gesagt werden — was auch Westhoff gegenüber gilt — das Haus habe nur noch einen Wert gleich Null für den Enteignenden, weil es vermöge der Art der in Aussicht genommenen Benutzung alsbald zerstört werde.

Als Ergebnis erhalten wir, daß der § 150 A. B. G. allerdings auch für den Fall einer Enteignung auf Grund der §§ 135 ff. des A. B. G. Anwendung findet, aber nur insofern, als jede Anlage, die Beschädigungen durch Bergbau ausgesetzt ist und bei der gegenüber etwaigen Entschädigungsansprüchen der § 150 A. B. G. durchgreift in ihrem gemeinen Wert herabgemindert und als jeder Beliebige, der aus irgend einem Grunde den Wert dieser Anlage ersetzen muß, sich darauf berufen kann.

VI. Zulässigkeit der Feststellungsklage.

Hat der Bergwerksbesitzer ein rechtliches Interesse an der alsbaldigen Feststellung, daß er nach den Umständen des Falles gemäß § 150 Absatz I nicht verpflichtet ist, Schadenersatz zu leisten, so kann er gemäß § 256 (früher 231) C. P. O. auf Feststellung des Nichtbestehens eines Entschädigungsanspruches des Grundeigentümers klagen,[1] freilich nur, wenn es sich um die negative Feststellung eines angeblich bereits erwachsenen Entschädigungsanspruchs handelt, nicht darum, daß der Grundeigentümer nicht befugt sein soll, etwa in Zukunft erst noch durch den Bergwerksbetrieb vielleicht entstehen könnende Ansprüche geltend zu machen.[2]

[1] Vgl. Entsch. d. R. G. v. 1. 6. 82 bei D. I. S. 361.

[2] a. M. Westhoff S. 364, der die zitierte Reichsgericht-Entscheidung mißverstanden zu haben scheint und im übrigen sich hierbei auch im Banne seiner oben auf S. 46 abgelehnten Meinung steht, daß ein Recht des Bergwerkseigentümers auf entschädigungslose Beschädigung des Grundstücks in Frage kommt.

C. Interpretation des Absatzes 2 § 150.

I. Der Spezialfall des § 148 A. B. G., bei dem der Absatz 2 in Frage kommt.

Gewöhnlich beim § 150 A. B. G. wird von den bergrechtlichen Schriftstellern auch ein Spezialfall des Schadensersatzanspruches auf Grund des § 148 behandelt, wenn nämlich infolge einer durch den Bergbau drohenden Gefahr ein Grundstück die Bebauungsfähigkeit verliert. Daß auf Grund des § 148 für alle mit dem Betriebe des Bergwerks zusammenhängenden Vermögensnachteile Ersatz geleistet werden muß und »daß es keineswegs erforderlich ist, daß die Integrität des Grundstücks infolge der Einflüsse des Bergbaues aufgehoben werde, oder auch nur eine Einbuße erleide«, daß die Beschädigung eines Grundstücks durch den Betrieb eines Bergwerks vielmehr schon dann als vorhanden anzusehen ist, wenn bisher zu Bauplätzen geeignete Parzellen diese Eigenschaft durch die vom Bergbau drohende Gefahr verlieren, dürfte seit der Reichsgerichtsentscheidung vom 21. 12. 1892[1]) die mit früheren Grundsätzen der Rechtsprechung«[2]) ausdrücklich brach, als die herrschende zu betrachten sein.[3]) Eine Anzahl von Rechtslehrern[4]) allerdings sehen in dem auch von ihnen anerkannten Satz von der Verbindlichkeit zum Ersatz eines derartigen Schadens lediglich eine der natürlichen Billigkeit entflossene Ausdehnung des im § 148 ausgesprochenen Prinzips. Sie glauben den Satz implicite ausgesprochen zu finden im Absatz 2 des

---

[1]) D II S. 200 ff.

[2] Entsch. v. 1. 7. 82, 2. 3. 87, 13. 2. 92 bei D I S. 246, 251, 348. Vgl. dagegen noch für die neuere Ansicht die Entsch. v. 8. 1. 98 bei D. II. S. 205 ff., v. 6. 11. 07. Z. 438 233, v. 15. 1. 02. Z. 43, 355; v. 15. 3. 02 Z. 44, 141.

[3]) Vgl. Brassert Komm. S. 414 Anm. 11, der allerdings diese Regel als eine von den allgemeinen zivilrechtlichen Grundsätzen abweichende, spezifisch bergrechtliche anzusehen, scheint. Auch Daubenspeck Haftpflicht S. 52 Z. 8 ff. ist anscheinend derselben Ansicht, obwohl man aus dem ersten Satz zur selben Frage (S. 51 letzte Zeile) und aus den allgemeinen Betrachtungen auf S. 50 f. auch das Gegenteil annehmen könnte.

[4]) Vgl. Oppenhoff Anm. 853, Klostermann-Fürst S. 473, Funke Z. 437 ff. und Z. 3 S. 315 ff.

§ 150 in Verbindung mit dem Absatz 1[1]) und nehmen ihn naturgemäß dann auch bloß für den Umfang des Absatzes 1 als geltend an. Auch letzteres ist nicht als richtig anzuerkennen. Selbst ohne das Bestehen der Einrede des § 150 Absatz 1 würde ein Bergschäden besonders ausgesetztes Grundstück in seinem Wert verlieren, die Bauplatzqualität häufig einbüßen, oder doch die Bebauung nur unter besonderen, Kosten verursachenden Vorsichtsmaßregeln, insbesondere nur mit Verankerung zulassen. Ein Anspruch auf Ersatz solcher Kosten und solchen Minderwerts würde an sich wohl anzuerkennen sein, da ja eine gegenwärtige Entwertung des Grundstücks, verursacht durch den Betrieb des Bergwerks in Frage käme. Freilich würde ohne die Bestimmung des Absatzes 1, die von Seiten der Interessenten des Bergbaues so eifrig befürwortet ist, der Nachweis eines derartigen Schadens, seine Abgrenzung und vor allem der Beweis seiner Gegenwart ein äußerst schwieriger, selten für den Grundbesitzer zu führender sein, da gegenüber der immerhin vagen, die Tatsachen nie mit der für eine richterliche Schadensbemessung notwendigen Exaktheit bewertenden Schätzung des allgemeinen Grundstückverkehrs, selbst beim Vorliegen günstiger Sachverständigengutachten, der Einwand immer bestechend erschienen wäre, daß es sich nur um befürchtete, ganz ungewisse, zukünftige Schäden handele, für die der Bergwerksbesitzer immer schadensersatzpflichtig bleibe und daß die niedrigere Bewertung des den Bergschäden ausgesetzten Grundstücks auf falschen Prämissen beruhe: daß der Minderwert auf Denkfehler beim Publikum zurückzuführen sei. Da stellt nun freilich der Absatz 1 § 150 den Anspruch auf feste Füße, da er verhältnismäßig leicht erkennbare Tatsachen feststellt, welche

[1]) Auch Westhoff S. 364 ff., der sonst sich ausdrücklich mit der Ansicht der neueren Rechtsprechung des Reichsgerichts ohne Einschränkung einverstanden erklärt, ist in der näheren Ausführung dann unklar und widerspruchsvoll. Bald spricht er von dem »speziellen Anspruch aus § 150 Abs. 2«, der doch lediglich die Einschränkung eines implicite in ihm anerkannten, aber nicht in ihm normierten Anspruchs gibt, bald von Schadensanspruch im Falle des Abs. 1 des § 150 A. B. G., soweit er durch Abs. 2 desselben aufrecht erhalten ist.«

im Zusammenhang mit dem Bergbau auf den Wert eines Grundstücks schädigend einwirken.

Es ist dabei nun zu unterscheiden, ob es sich um Grundstücke handelt, denen nach der Auffassung des Verkehrs Bauplatzqualität schon zur Zeit des ersten Drohens der Gefahr innewohnte, oder um solche, die diese Qualität durch veränderte Umstände, fortschreitende Bebauung usw. erst nach dem ersten Auftreten der Gefahr erhielten, oder um solche, bei denen diese Qualität im Verkehr niemals bewertet war.

II. Minderwert und subjektives Interesse.

Bei allen drei Fällen freilich ist im Auge zu behalten, daß der aus der Gefährdung möglicherweise dem Grundbesitzer entspringende Schaden aus zweierlei Quellen entspringen kann. Einerseits ist die abstrakte Wertverminderung, die das Grundstück durch die Beschädigung erlitten hat, zu ersetzen, andererseits gehört aber zur vollständigen Entschädigung auch der Ersatz »des individuellen Schadens (des Interesses)«.[1] Zum Eintritt einer abstrakten Wertverminderung genügt aber bei einem in seiner Integrität erhalten gebliebenen Grundstück nicht schon ohne weiteres, daß die Gefährdung eingetreten ist; denn diese schädigt weder körperlich, noch kann sie, wenn sie unbekannt geblieben ist, den Wert eines Grundstücks beeinflussen, da dieses nicht durch sachliche Merkmale festzustellen ist, sondern durch die Beurteilung des Immobilienverkehrs. Eine Gefährdung kann also erst dann wertvermindernd wirken, wenn sie im Verkehr allgemein bekannt geworden ist und auf die Schätzung einen nachweisbaren Einfluß gewonnen hat.[2] Erst von diesem Zeitpunkt an ist der Schaden existent geworden, erst von diesem Zeitpunkt an kann demnach auch

---

[1] Vgl. R. G. vom 21. XII. 1892 D. I. S. 204.

[2] Das übersieht das R. G. l. c. in seiner sonst durchaus richtigen Entscheidung. Daß es freilich gleichgültig ist, ob eine bestimmte einzelne Person — im vorliegenden Falle der Käufer eines durch Bergbau bedrohten Grundstücks — Kenntnis von der Gefährdung hatte oder nicht, ist ihm ohne weiteres zuzugeben.

seine Verjährung auf Grund des § 151 A. B. G. laufen und wird es auch normaler Weise tun, da ohne den Nachweis besonderer Umstände wohl anzunehmen ist, daß der Grundeigentümer über sein Grundstück mindestens soviel weiß, als wie in das allgemeine Bewußtsein des Grundstückverkehrs gedrungen ist.

Eine abstrakte Wertverminderung durch Entziehung der Bauplatzqualität kann naturgemäß nur bei solchen Grundstücken in Frage kommen, bei denen diese Qualität im Verkehr bei der Wertbemessung mit in Rechnung gestellt war. Der Umstand, daß ein mitten im freien Felde gelegenes Grundstück guten Baugrund hat, gibt ihm keine Bauplatzqualität, da der Verkehr diese Eigenschaft bei seiner Schätzung nicht mitberücksichtigt. Geht die Eigenschaft verloren, so kann von einer Minderung des Grundstückswertes nicht die Rede sein, eine Vermögensschädigung ist durch diesen Verlust nicht ohne weiteres eingetreten.

Der Minderwert wird auch nicht etwa dadurch existent, daß auf einem solchen Grundstück von dem Eigentümer zu bauen beabsichtigt wird und wegen der drohenden Gefahr der Bau unterbleiben muß. Durch den Grundbesitzer geplante individuelle Benutzungsarten machen damit das Land noch lange nicht zu einem im Verkehr nach dieser geplanten Benutzungsart taxierten. Der Acker eines Bauern wird deshalb um keinen Pfennig teurer, weil er sein Haus darauf bauen will. Wohl aber ist aus einem anderen Gesichtspunkte heraus für den Grundstückseigentümer eine Schadensersatzforderung entstanden, wenn er aus Gründen des Absatzes 1 eine Bebauung seines Grundstücks unterlassen muß, nämlich für den erhöhten Aufwand, den er deshalb machen muß, weil die aus dem Bergbaubetrieb drohende Gefahr ihm die Benutzung seines Grundstücks zu einer bestimmten Bebauung unmöglich gemacht hat. Das ist sein individueller Schaden, sein Interesse, das er geltend macht, kein Minderwert. Es käme in Frage, daß er genötigt wäre, teureren Boden zu kaufen, um bauen zu können, daß er zur Errichtung von Wegen, Wasserleitung, Kanalisation u. dergl. grössere Aufwendungen hätte machen müssen, als auf dem bedrohten Grundstück nötig gewesen wäre, daß er mit besonderen, kostspieligen Vorsichtsmaßregeln hätte bauen, daß er seine Wirtschaft, seine Bäckerei oder sein sonstiges Geschäft an einer weniger vorteilhaften Stelle hätte errichten müssen usw. usw. Es ist unmöglich, die vielgestaltigen Möglichkeiten des wirtschaftlichen Lebens erschöpfend zu behandeln, auch würde eine eingehende Darstellung dieser Fragen mehr in eine Erörterung des § 148 hineingehören, als in unsere Abhandlung, die die Lehre dieses Paragraphen als bekannt zu Grunde legen muß.

Der oben charakterisierte individuelle Schaden wird natürlich bei Grundstücken mit Bauplatzqualität nach den Umständen des Falles neben dem Minderwert liquidiert werden können. Weiter bleibt aber noch zu untersuchen der Fall, daß ein ursprünglich im Verkehr nicht als Bauplatz eintaxiertes Gelände später nach Eintritt einer Bedrohung durch Bergwerksbetrieb Baugelände wird, oder vielmehr nach Lage der Umstände, insbesondere nach Maßgabe der fortschreitenden Bebauung, unter Berücksichtigung der Bewertung benachbarter Grundstücke Baugelände geworden wäre, wenn die Gefährdung nicht vorhanden sein würde. Auch hier kann von Minderwert nicht die Rede sein, nach wie vor dem schädigenden Ereignis ist das Grundstück — z. B. als Ackerland — gleich viel wert. Aber die benachbarten Grundstücke haben inzwischen eine Wertsteigerung erfahren, an welcher teilzunehmen das fragliche Gelände durch den Bergwerksbetrieb gehindert worden ist. Das ist entgangener Gewinn, ein Gewinn (nach der Definition des § 252 B.G.B.) der nach dem gewöhnlichen Laufe der Dinge und nach den besonderen Umständen mit Wahrscheinlichkeit erwartet werden konnte. Als solcher wird die Differenz zwischen dem nach dem Wert benachbarter gleichartiger Grundstücke zu berechnenden mutmaßlichen Wert des Grundstücks für den Fall, daß ihm die Bebauungsfähigkeit nicht entzogen worden wäre und seinem reellen Wert liquidiert werden können. Daneben natürlich wieder auch der etwa entstandene individuelle Schaden.

III. Modifikation des Anspruchs durch den Absatz 2.

Wie wird nun aber dieser ganze Schadensersatzanspruch modifiziert durch die Bestimmung des Absatzes 2 vom § 150 A. B. G.? Sie bietet der Interpretation sehr große Schwierigkeiten, die kaum zu lösen wären, wenn man nicht der Autorität des Reichsgerichts [1]) folgen will, das den Knoten einfach zerhaut, da eine vernünftige Lösung nun doch einmal unmöglich erscheint.

Der Absatz 2 ist in der Herrenhauskommission hinzugesetzt worden. Motiviert wurde das Amendement dahin [2])

»daß der § 150 nur von dem Schaden spreche, der an Gebäuden oder anderen Anlagen in den vorausgesetzten Fällen entsteht; darüber, was geschehen solle, wenn der Grundeigentümer infolge einer durch den Bergbau drohenden Gefahr von der Errichtung von Gebäuden und anderen Anlagen Abstand nehmen müsse, sei nichts gesagt. Es verbleibe also in dieser Beziehung bei den allgemeinen Rechtsgrundsätzen. Es seien jedoch Zweifel darüber angeregt, ob nicht der § 150 die Entschädigung auch für diesen Fall ausschließe. Um jeden Zweifel hierüber, sowie auch die vorstehend angedeutete Besorgnis der spekulativen Ausbeutung zu beseitigen . . . . ist der Absatz 2 hinzugefügt worden.«

Mit ihm einverstanden erklärte sich die Kommission des Abgeordnetenhauses mit folgender Begründung: [3])

»Der § 150 der Regierungsvorlage behandelte nur den Fall, daß an bereits errichteten Gebäuden und Anlagen Schaden entstehe, er sagte nichts über den anderen Fall, daß der Grundbesitzer infolge drohenden Schadens von

---

[1]) In der oft zitierten Entscheidung v. I. XII. 92. D. II. 200 ff.

[2]) Bericht IV S. 342.

[3]) Bericht II, IV S. 342.

der Errichtung neuer Gebäude usw. Abstand zu nehmen genötigt werde. Unstreitig treten für diesen Fall die allgemeinen Grundsätze der allgemeinen Gesetzgebung in Geltung. Man hielt es aber in der Herrenhaus-Kommission aus praktischen Gründen für zweckmäßig, ausdrücklich die Nichtverpflichtung zur Entschädigung für den Fall auszusprechen, daß der Grundeigentümer die Absicht, neue Anlagen zu errichten nur kundgegeben habe, um eine Vergütung für die angebliche Wertsverminderung zu erzielen, während er doch in Wahrheit die Anlage garnicht beabsichtigt habe, also durch ihre Unterlassung eine Wertverminderung nicht habe eintreten können. Die Aufnahme dieser Bestimmung, welche mit den allgemeinen Rechtsgrundsätzen über dolus im Einklang steht, unterlag nach Ansicht der Kommission keinem Bedenken.«

Die Literatur hat durchweg nicht so recht gewußt, was sie mit der Bestimmung des Absatz 2 anfangen sollte. Einerseits überschätzt sie, wie oben schon erwähnt, vielfach seine Bedeutung nach der positiven Seite hin, indem sie die aus den allgemeinen Grundsätzen des § 148[1]) hervorgegangene, durch den Absatz 1 wohl tatsächlich, nicht aber prinzipiell erweiterte Regel vielfach als auf dem Absatz 2 beruhend darstellt, andererseits verkennt sie die juristische Konstruktion seiner negativen Funktion.

Vom konkurrierenden dolosen Verhalten des beschädigten Grundeigentümers, also einem bloßen Parallelfall zum Absatz 1[2]) kann hier überhaupt nicht gesprochen werden. Es handelt sich garnicht darum, daß beim Entstehen des Schadens ein Verschulden des Beschädigten mitgewirkt haben soll, sondern es wird überhaupt das Bestehen eines

---

[1]) Nicht der allgemeinen Gesetzgebung, wie der oben zitierte Bericht der Abgeordnetenhaus-Kommission irrtümlich und im Gegensatz zum Herrenhaus-Kommissionsbericht annimmt. Derselben Meinung übrigens auch Funke Z. 38, 446 ff.

[2]) Wie Brassert Komm. S. 140 Anm. 2. Westhoff S. 341, 342, 372. An letzterer Stelle blitzt ihm freilich der Gedanke auf, daß man den Ausschluß der Schadensersatzpflicht richtiger darauf zurückführen müsse, daß ein Schaden in der geltend gemachten Höhe gar nicht entstanden ist, ... weil ja der Schaden nur fingiert wird, tatsächlich also nicht besteht.

Schadens als nicht vorhanden angesehen. Ebenso ist es aber auch unrichtig, von einer exceptio doli zu sprechen, wie es im Anschluß an den Bericht der Kommission des Abgeordnetenhauses geschieht.[1]) Es handelt sich bei einem Vorbringen im Sinne des Absatzes 2 um keine Einrede im materiellrechtlichem Sinne, um Geltendmachung eines Leistungsverweigerungsrechts gegenüber einem an sich bestehenden Anspruch, sondern um ein Leugnen des Anspruchs überhaupt. Wenn die Absicht zu bauen bloß kundgegeben wird, um eine Entschädigung zu erzielen, dann heißt das, daß die Absicht garnicht vorhanden war, dann kann aber auch von keinem gezwungenen Unterlassen der Bauabsicht und von keinem daraus entsprungenen Schaden die Rede sein. Die ganze Bestimmung des Absatzes 2 erscheint demnach vollkommen überflüssig. Sie ist aber gleichzeitig irreführend, wenn wir uns nicht bei der Interpretation die oben des näheren gegebenen Grundsätze des Ersatzanspruchs für Schädigungen, die durch Gefährdung eines Grundstücks durch den Bergbaubetrieb entstehen, stets gegenwärtig halten. Mit denen hat nach den oben mitgeteilten Materialien der Gesetzgeber sich nicht in Widerspruch setzen wollen und mit dem R. G. läßt sich sagen:

»Ein gesetzgeberischer Grund dafür, den Entschädigungsanspruch des Grundbesitzers wegen entzogener Bauqualität gerade auf den Fall der eigenen Bebauung zu beschränken, läßt sich nicht auffinden. Es ist nicht abzusehen, weshalb der Grundbesitzer nicht auch dann eine Vergütung erhalten sollte, wenn ihm infolge durch den Bergbau drohender Gefahr die Gelegenheit entzogen wird, das Grundstück als Baustelle günstig zu verkaufen, oder wenn nach der allgemeinen Meinung das Grundstück diese Eigenschaft durch jene Gefahr gänzlich verloren hat und sein Sachwert darum dauernd gesunken ist.«

Mit dem Reichsgericht nehmen wir also an, daß Absatz 2

[1]) Vgl. Daubenspeck, Haftpflicht S. 50, ebenso Entsch. d. R. G. v. 1. 12. 92 bei D. II. S. 204.

nur einen ganz bestimmten Fall, der strikte zu interpretieren ist, behandelt. Freilich wird dadurch die ganze Bestimmung geradezu absurd, denn wie oben gezeigt, kann von dem Erleiden einer abstrakten Wertverminderung durch das bestimmte einzelne Unterlassen der Gebäudeerrichtung niemals die Rede sein, sondern nur vom Erleiden eines individuellen Schadens. Indessen gestützt auf die Autorität des Reichsgerichts wird man diesen Schritt, der allein den praktischen Erfordernissen gerecht wird, wohl tun können und müssen.

Der Absatz 2 bezieht sich also nur auf den Fall, daß eine Interesseforderung dafür geltend gemacht wird, daß die beabsichtigte Bebauung eines Grundstücks wegen des Vorliegens der Voraussetzungen des Absatz 1 unterbleiben muß und zwar gleichgültig, ob es sich dabei um ein Grundstück handelt, dem im Vorjahre Bauplatzqualität beigemessen wurde oder um ein solches, dem diese Eigenschaft fehlt.[1] An sich ist die von Westhoff[2] geschehene Heranziehung des § 17a des Ansiedlungsgesetzes in der Fassung der Novelle vom 16. IX. 99 durch den Wortlaut der Bestimmung nicht gerechtfertigt, indessen steht sachlich einer analogen Anwendung der selbstverständlichen Regel des Absatzes 2 auf diesen Fall, wo ebenfalls Entschädigung anf Grund des § 148 gefordert wird, nichts im Wege.

D. Kritische Betrachtungen de lege ferenda.

Betrachten wir die beiden Absätze des § 150 A. B. G. kritisch de lege ferenda, so brauchen wir nach dem oben Ausgeführten nicht weiter hervorzuheben, daß wir für den Fall einer Revision des Allgemeinen Berggesetzes eine Aufbebung des Absatzes 2 für dringend notwendig erachten würden, da er entweder etwas selbstverständliches sagt,

---

[1]) Westhoff S. 373 möchte zu Unrecht die Anwendbarkeit auf letzteren Fall beschränken.

[2]) S. 365 f.

oder aber, wenn wir dem Reichsgericht nicht folgen wollen, etwas geradezu Absurdes.

Aber auch bezüglich des Absatzes 1 möchten wir die Aufhebung befürworten. Für seine gesetzgeberische Würdigung ist zunächst wesentlich, daß er wie wir oben gesehen haben, keine bloße Anwendung der allgemeinen Regel vom konkurrierenden Verschulden ist, sondern eine Ausnahmebestimmung zu Gunsten des Bergwerksbesitzers. Ob es wirklich billig ist, dem Grundbesitzer, der durch den Anspruch des § 148 A. B. G. sowieso keine vollständige Entschädigung für alle ihm aus dem Bergbau entspringenden wirtschaftlichen Nachteile erhält, diesen beschränkten Anspruch noch zu beschneiden, erscheint sehr zweifelhaft. Zu der teilweisen Enteignung, die sich aus dem Prinzip der Bergbaufreiheit ergibt, wird noch eine Belastung gefügt, die sich zwar nicht juristisch, wohl aber ökonomisch als eine Servitut darstellt, die den Wert des Grundstücks herabdrückt, während der Entschädigungsanspruch für den Grundbesitzer schwer zu beweisen ist. Aber auch vom Standpunkt des Bergbaues läßt sich für die Aufrechterhaltung des § 150 Absatz 1 wenig sagen. Zunächst hat vierzigjährige Erfahrung ergeben, daß die Anwendbarkeit der Bestimmung eine eng begrenzte ist, da der Nachweis ihrer Voraussetzungen ein außerordentlich schwieriger ist. Dann ist aber auch die ganze Besorgnis der spekulativen Ausbeutung durch Errichtung von Gebäuden an gefährdeten Plätzen, die hauptsächlich ins Feld geführt worden ist, sehr wenig begründet. Der Gedanke erscheint einfach lächerlich, daß Jemand ein Haus bauen soll mit der Berechnung, daß es durch den Betrieb beschädigt oder zerstört werde, um dann übertrieben hohe Entschädigungssummen herauszuschlagen. Denn einmal ist die Chance sehr gering, daß die Beschädigung wirklich eintritt und dann ist bei der engen Begrenzung, die der § 148 dem Entschädigungsanspruch des Grundbesitzers gibt, eher anzunehmen, daß dieser weniger, als daß er mehr erhält, als sein Schaden wirklich beträgt. Der Versuch einer spekulativen Ausbeutung wäre höchstens in der Weise denkbar, daß der Grundbesitzer mit der Errichtung eines Gebäudes, die er in Wirklichkeit gar nicht vor hat, droht, um eine Abstandssumme zu erpressen. Das kann er aber unter dem Bestehen des Abs. 1 vom § 150 noch viel leichter wie früher, da er jetzt noch viel weniger Anstalten zu machen braucht, um den Bergwerksbesitzer von der Ernstlichkeit seiner Bauabsicht zu überzeugen, als er ohne eine derartige Bestimmung nötig gehabt hätte. Das ist offenbar aber auch dunkel in den Kommissionen des Abgeordnetenhauses empfunden worden, da die Bestimmung des Abs. 2 nur den Sinn haben kann, spekulative Ausbeutungsversuche durch Drohen mit einem gar nicht beabsichtigten Bau zu bekämpfen. Der Abs. 1 hat sich aber überhaupt als ein zweischneidiges Schwert für den Bergwerksbesitzer erwiesen. Wenn es auch nicht richtig ist, daß erst durch ihn eine besondere Art des Schadensersatzanspruches wegen Entziehung der Bauplatzqualität geschaffen sei, so steht doch fest, daß er diesem Anspruch eine festere Begründung und leichtere Beweisbarkeit gegeben hat. Mit dem Wegfall des § 150 Abs. 1 würde der Bergbau einen nicht geringen Betrag für derartige Entschädigungen sparen.

Und so müssen wir denn im Interesse des Bergbaues sowohl, als auch des Grundeigentums die Forderung aufstellen, daß in dem hoffentlich trotz allem früher oder später zu erwartenden neuen Reichsberggesetze eine Bestimmung, wie die in dem § 150 des A. B. G. enthaltene, keine Stelle findet.

FSC
www.fsc.org
MIX
Papier | Fördert gute Waldnutzung
FSC® C083411

Kolibri 360 GmbH
Ferdinand-Jühlke-Straße 7
99095 Erfurt, Deutschland
produktsicherheit@kolibri360.de